テニスの王子様勝利学

松岡修造

JN178151

集英社文庫

テニスの王子様勝利学　目次

テニスの王子様勝利学

はじめに

「リョーマのように強くなりたい」

『テニスの王子様』がヒットして以来、このようにつぶやきながら僕のテニスクリニックにやってくる子どもたちが増えています。彼らの目は、本当にキラキラと輝いています。それは、何か未知のものを追いかけて、つかもうとする者にしか表れない特別な輝きです。

プロテニスプレーヤーを卒業してから、自分がプレーしてきたテニスのすばらしさを少しでも多くの人に知ってもらいたい、もっと多くの人にテニスを楽しんでもらいたいと願って活動している僕にとって、このような子どもたちに出会えることは、この上もなくうれしいことです。

これも、テニスというスポーツの楽しさがこのコミックを通じて以前よりも多くの人たちに、理解されるようになったからだと思います。作者の許斐剛《このみたけし》先生と、リョーマをはじめとする登場人物たちには、大いに感謝しなければいけません。

それにしても、なぜ『テニスの王子様』はこれほどまでの人気を集めているのでしょうか。僕は漫画評論家ではないので専門的な分析はできませんが、やはり、登場するプレーヤーたちがそれぞれに魅力的な個性を持っていることが、この作品が支持される理由の一つだろうと思います。どの登場人物も、テニスというスポーツを通じて十分に自分という人間を表現している。だから、これを読むまでテニスに興味のなかった読者も、「テニスって楽しそう」と思えるのでしょう。

僕の場合は、テニスを始めたきっかけはリョーマではなく『エースをねらえ！』（山本鈴美香 作）の主人公、岡《おか》ひろみでした。コートに入ると岡ひろみになりきってプレーしていたものです。しかしそうしているうちに『エースをねらえ！』は単なる漫画ではなく、僕の人生にとってなくてはならない本になっていったのです。ジュニア時代、そしてプロになってからも、スポーツバッグに全巻詰め込んで、年間十カ月の海外遠征に臨んでいました。

そこには、テニスというスポーツだけではなく、日常の生活の中で、自分が人間として成長するための大きなヒントがありました。そして、主人公になりきっているうちに、自分の中に潜《ひそ》んでいるさまざまな違った自分に出会うと同時に、それまで意識しなかった自分の可能性に気づいていく。このことをはっきりと自覚できました。僕がそのころ『テニスの王子様』に出会っていたらおそらく同じような思いで、むさぼり読んだにちがいありません。

リョーマが通う青春学園《せいしゅんがくえん》を舞台にくり広げられるこの作品には、テニスを楽しみ、自分を高めるために必要なポイントがぎっしり詰まっています。本書では、それを僕自身の経験や考え方をまじえながら語っていますが、これは決してテニスを実際にプレーする人だけに役立つものではありません。日常生活の中で、自分の個性を磨くために、誰もが応用できることをたくさん盛り込みました。

　この本を読んで、多くの人が自分を輝かせるためのヒントを少しでも見つけ、新しい自分に気づいていてくれたら、僕にとってこれほど幸せなことはありません。

1ST Set

テニスってどういうスポーツ？

テニスの指導をしていて感じるのは、多くの人がさまざまな誤解を持ったままプレーしているということです。
もしその誤解ゆえに、テニスの本当の「楽しさ」を知らないでいてしまうのなら、とても残念なことです。
テニスというスポーツについて、
みなさんともう一度考えてみたいと思います。

1.「基本」は人の数だけある

調子が悪くなったら基本を思い出せ

いつもマイペースで、他人にはあまり関心を持っていないような振る舞いの多いリョーマ。でも、つい放っておけなくなって、人のテニスに口出しすることも少なくありません。部内のランキング戦に向かう途中にも、素振りをしている女子テニス部の竜崎《りゅうざき》桜乃《さくの》ちゃんを見かけて、「ヒザのびすぎ、ヒジ曲げすぎ、肩開きすぎ」とアドバイスしていました（第1巻175ページ）。

ドサクサに紛《まぎ》れて「髪の毛ながすぎ、へっぴり腰」などと付け加えるあたりに、リョーマの口の悪さ（？）が出ているわけですが、彼が口出しする相手はテニス初心者の女の子だけではありません。

たとえば、佐々部《ささべ》という高校生が電車の中で、「握手するようにラケットを握るのがウエスタングリップ」と間違った知識をひけらかしていたとき。佐々部が床に倒れたラケットを拾おうとするのを見て、リョーマは、「ピーンポーン、置いたラケットを上から摑《つか》む様に持つのが正しいウエスタンの握り方《グリップ》。ちなみにアンタの言う〝握手する様

テニスの名門、青春学園中等部に入学した越前リョーマは、女子生徒の憧れの的。
女子テニス部に入部した桜乃は、リョーマから、
ぶっきらぼうだが的確なアドバイスを受ける。
ジャンプコミックス『テニスの王子様』第1巻175ページ

に〟はイースタングリップだよ」と親切に正解を教えてあげて、彼を怒らせたりしています（第1巻12ページ）。

もちろん、これは生意気な相手の鼻を明かしてやりたくて言ったことでしょう。でも、それだけではありません。たぶんリョーマには、「基本」を守っていない人を見ると黙っていられないところがあるのだと思います。

相手が初心者の女の子だろうと、気に入らない男だろうと、目の前でテニスの基本から外《はず》れたことをされると、直してやらずにはいられない。つまり、それだけ基本の大切さをよく知っているということです。

基本を忘れていると上達しないのは、テニスにかぎった話ではありません。たとえば学校の勉強もそうですし、楽器の演奏や料理だってそうでしょう。どんな分野も、基本をしっかり身につけなければ応用が利《き》かないものです。

そして、基本を大切にしなければいけないのは、初心者も熟練者も同じこと。初心者が基本を覚えなければいけないのは当たり前ですが、とっくにそれを学んでいるはずの人も、基本を忘れていいわけではありません。

実際、プロのテニス選手でも、調子が悪いときというのは基本がおろそかになっていることが多いものです。だから試合中でも、相手に押されて自分のテニスを見失っているときは、難しいショットの打ち方や高度な作戦よりも、まずは基本を思い出すことが

試合会場に向かう途中のリョーマ。電車の中で
間違った知識をひけらかす高校生に、キツイ一言。その後２人は、対決する。
ジャンプコミックス『テニスの王子様』第１巻12ページ

先決。テニスは試合中にコーチのアドバイスを受けられないので、注意事項を書いた紙をコートチェンジのときに見る選手も多いのですが、グランドスラム大会（注1）で優勝を狙《ねら》うようなトッププロでさえ、そこには「ヒザを曲げろ。ボールをよく見ろ」といった当たり前のことが書いてあったりするのです。初心者の桜乃ちゃんと、少しも変わりません。

もちろんリョーマほどの選手になれば、どんなに上達しても、常に基本に立ち返って自分のテニスを見直す習慣がついているはず。桜乃ちゃんへのアドバイスも、ただ相手に教えてあげただけではなく、大事なランキング戦を控えた自分自身に「ヒザを曲げろ。肩を開くな」と言い聞かせていたのかもしれません。

自分が「正しい」と思うやり方を押し通す

ところで、テニスをする上でいちばん大切な基本は何でしょうか。

リョーマが桜乃ちゃんに教えてあげたように、ヒザを曲げること、ヒジを曲げすぎないこと、肩を開かないことなどは、もちろん大事な基本です。でも、ここで僕が言いたいのは、そういう技術的なことではありません。技術を身につける以前に、考え方の面でもっと大切な基本があります。

それは、「**テニスの基本は人によって違う**」ということ。意外に思われるかもしれませんが、たとえばラケットの握り方にしても、スマッシュの打ち方にしても、誰にでも同じように通用する「基本」はあまりありません。

さきほどの「ヒザを曲げる」にしても、たしかにヒザが伸びた状態で打つのはよくありませんが、その曲げ具合や曲げるタイミングなどは、人によってさまざまです。人はそれぞれ性格や体格が違いますし、ボールを打つときの感覚なども同じではないので、ほかの人にとって「これがいちばんうまく打てる」という基本的な形が、自分にも当てはまるとはかぎらないのです。

また、テニスの基本は時代によっても変わることがあります。たとえば昔は、トップスピンのようにボールに回転をかける打ち方などあり得ませんでした。そんな打ち方をしていたら、「それは間違っている」とコーチにすぐ直されたことでしょう。でも、今はジュニアの選手でもそれが当たり前になっています。

ラケットのグリップ（握り）も同じ。フォアハンドの場合ですが、昔は、ソフトテニス（軟式テニス）をやっていた人が硬式を始めると、「そのソフトテニスのグリップでは硬式には向かない」と言われていました。ソフトテニスというのは日本で生まれた競技で、使うボールが硬式よりも軟らかくて反発力が弱いため、硬式と同じグリップでは強いボールを打てないのです。

ところが現在では、プロの世界でも、ソフトテニス風のグリップが主流になりました。

ラケットの握り方という基本中の基本でさえ、昔の常識がひっくり返ることがあるわけです。

もっとも、それが流行《はや》っているからといって、誰にでも合うというわけではありません。あくまでも、自分に合った基本を身につけることが大事です。

要するに、人は人、自分は自分だということ。そういう考え方の基本が身についていないと、自分の特徴に合ったプレーをすることはできません。実際、コーチに教わった教科書的な基本だけが「正解」だと思い込んで、自分の感覚に合わない窮屈《きゅうくつ》なやり方をしている人も多いのではないでしょうか。

もし、教科書的な基本だけが正しいのだとしたら、たとえば野球の野茂《のも》投手やイチロー選手が活躍することはなかったはずです。野茂投手のトルネード投法やイチロー選手の振り子打法は、いろいろなコーチからさんざん「直せ」と言われたものでした。しかし彼らは、頑《がん》として自分のスタイルを貫き、現在の地位を築いた。他人の目には「基本がなっていない」と見えるフォームでも、彼らにとってはそれが「**自分だけの基本**」なのです（ちなみに、イチロー選手は、振り子打法をメジャーでは封印《ふういん》しています）。

殴られても自分のグリップは絶対変えない

僕自身も、高校時代に似たような経験をしました。コーチに、「おまえのグリップは間違っているから直せ」と言われたのですが、僕はそのグリップがいちばん自分に合っていると信じていたので、絶対に直そうとはしなかったのです。コーチの指示したグリップでわざとミスをして、殴《なぐ》られたこともありました。

そういう反抗的な態度は今では反省していますし、若い人にも真似《まね》してほしくありませんが、僕にとってはそれぐらい大事な、絶対に譲《ゆず》れないものだったということ。「直さないなら試合ではおまえを使わない」と言われたこともありましたが、それでも直さない。テニスは自分を表現する場であり、コーチのためではなく自分のためにやっているのですから、自分なりの基本を捨てるぐらいならテニスなんかしないほうがマシだという気持ちもありました（皮肉なことに今ではそのグリップが標準的なものになっています）。

ですから、テニスを始めたばかりの人、これからテニスをやろうと思っている人には、常に「**自分らしい基本**」を求める気持ちを忘れないでほしいと思います。誤解してほしくないのですが、なにも僕は「コーチの言うことなんか聞くな」と言っているわけではありません。上級者の助言には素直に耳を貸すべきですし、僕もいろいろなコーチに多くのことを教わりながら自分のテニスを作り上げてきました。

でも、人から教わることだけがすべてではありません。何が自分に合っていて、何が合っていないかは、本人がいちばんよく知っています。コーチからいろいろなやり方を教わりながら、その中で自分に合うものはどれなのかを考え、自分で選ばなければいけません。

逆に言うと、コーチの指導に疑問を感じられるぐらい、しっかりとした「自分」を持たなければいけないということです。テニスという競技は実に孤独なもので、コートの中で頼りになるのは、最終的には自分自身しかいません。コーチに言われたことを言われたとおりにやることしかできないようでは、試合中の苦しい場面で自分を立て直すことはできないでしょう。人から与えられたものではなく、自分で選び取った基本だからこそ、そこに立ち返ることで失った調子を取り戻すことができるのです。

みなさんも自分なりの基本を早いうちに見つけてください。

注1・グランドスラム大会　全豪オープン、全仏オープン、全英オープン（ウィンブルドン）、全米オープンの四大大会を指す。その四大大会すべてを制覇することを「グランドスラムを達成する」という。

2. 真似から始めて「自分」を見つける

真似の上手な人は上達も早い

『テニスの王子様』がヒットしてから、帽子をかぶってプレーするジュニア選手の姿が、テニスコートの中で目立つようになりました。きっと、帽子のよく似合うリョーマに憧《あこが》れて、「自分もああなりたい」と思っている人が多いのでしょう。僕の講演会に、青春学園テニス部のレギュラージャージそっくりの上着を着てくる中高生もいます。

もちろん、同じ帽子やジャージを身につけたからといって、それだけで同じようにプレーできるようになるというわけではありません。でも、すごい選手に憧れて真似をしたくなる気持ちは、決して上達のじゃまになるものではないでしょう。

たとえばプロの選手やコーチなどに憧れる気持ちが強ければ、外見だけでなく、テニスのフォームまで真似したくなるはず。「学ぶ」は「まねぶ（真似ぶ）」から来ているというとおり、お手本と同じようにやってみるのは、よい勉強になります。

というのも、真似をしようと思ったら、まず相手のことをよく観察しなければなりません。大切なのは、その観察しているときの「目」です。足の運び方、テイクバックの形、ラケットの振り方などを、食い入るように見つめる真剣な目。この観察眼が鋭い人ほどうまく真似られるし、テニス自体もうまくなるものです。

実際、プロゴルファーの丸山茂樹《まるやましげき》選手やイチロー選手など、ほかの選手の物真似が上手な一流スポーツ選手は少なくありません。観察眼が鋭いということは、人の良いところを見つけて自分の中に吸収できるということ。だから、真似がうまい人はスポーツの上達が早いのだと思います。

これは「真似る」というよりも、むしろ「盗んでいる」と言ったほうがいいでしょう。人の持ち物を盗んではいけませんが、スポーツの技術は、人から盗めば盗むほど自分を高めてくれます。

周《まわ》りから見て「似てる」と思えたかどうかはわかりませんが、僕も昔はいろいろな選手の真似をしました。

あるときは、きれいで正統派のテニスをするジミー・コナーズ※。あるときは、ビヨン・ボルグ※の個性的なフォーム。サービスのときは、「悪童」と呼ばれた人気者のジョン・マッケンロー※。また、トップスピンを打つときはイワン・レンドル※になりきってしまう。若い人は知らないかもしれませんが、いずれも僕が憧れた超一流の名選手たちです。

そうやって真似をするときは、フォームだけでなく、不思議とその選手の性格まで自分に乗り移っていました。

たとえば、かつて「アイス・ドール」というニックネームで呼ばれたクリス・エバート※という女子選手がいます。そのニックネームどおり、彼女はとても冷静で、プレー中はニコリともしないことで有名でした。だから僕も、彼女の真似をするときは練習中に一言も喋《しゃべ》らず、感情も表に出さない。逆に、闘志をむき出しにしてプレーしたコナーズになりきるときは、思い切りワーッと声を出しながらショットを打ったものです。

セリーナ・ウィリアムズはいかに姉のヴィーナスを乗り越えたか

ただし、そんな練習を積み重ねながら作り上げた僕のテニスは、最終的には、その誰とも似ていません。

実際、僕のプレースタイルを見て、コナーズやマッケンローやエバートを思い出す人は一人もいないでしょう。ひどく不器用なテニスで、見ている人が「これでよく勝てるな」と思うような危なっかしいテニスではありますが、それは紛れもない僕のテニス、松岡修造のオリジナルなスタイルだと、自信を持って言うことができます。

テニスのスタイルに、「これがいちばん正しい」という正解はありません。グリップやスイングなどの基本も人によって違うように、選手の数だけスタイルがあるといってもいいでしょう。

ですから、大事なのは自分の個性に合ったスタイルを見つけること。人真似だけで終わってしまったのでは、決して「自分のテニス」にはなりません。もし、僕がコナーズやマッケンローとそっくり同じスタイルを身につけていたら、ウィンブルドンのベスト8どころか、プロ選手として活躍することさえなかったろうと思います。

最初は真似から始めても、その中からいいところだけを取り入れて、最終的には自分にしっくりとフィットするスタイルを作り上げる。それが「盗む」ということです。

自分らしさを忘れて、ひたすら憧れの選手をコピーしているだけでは、その選手を乗り越えることはできません。たとえば、常にグランドスラム大会で優勝を争ってきたセリーナ・ウィリアムズ※という女子選手がいます。彼女は、小さいころからお姉さんのヴィーナス・ウィリアムズ※のことが大好きで、練習方法やフォームから試合での立ち居《い》振《ふ》る舞《ま》いまで、何でもかんでもその真似をしていました。

でも、姉妹そろってプロになってみると、セリーナはお姉さんのように勝つことができません。そして、セリーナがなかなか勝てずに悩んでいるあいだに、お姉さんのヴィーナスのほうは、とうとうウィンブルドンで優勝を果たし、世界の女子テニス界の頂点に立ちます。

そのとき初めて、セリーナは気づきました。お姉さんの真似をするだけではなく、自分だけのテニスを作り上げなければいけない、ということに。

青春学園テニス部顧問竜崎スミレは、伝説のプレーヤー、
越前南次郎のことを思い出す。彼女は、息子のリョーマを指導することになる。
ジャンプコミックス『テニスの王子様』第1巻64ページ

事実、それ以降のセリーナは、目を見張るほど強くなりました。お姉さんの「技術」に、誰にも負けない「パワー」を加えたテニスができるようになったのです。その後グランドスラム大会の決勝戦は9度にわたりウィリアムズ姉妹の対決になり、そこでセリーナは7勝し、グランドスラマーとなりました。彼女が「自分のテニス」を確立した証拠でしょう。

リョーマが「やらなくちゃならねぇ事」とは

ところで、中学生相手には圧倒的な強さを誇るリョーマも、昔のセリーナと似たような悩みを抱えているようです。

彼が乗り越えようとしているのは、もちろん、父親の越前南次郎《えちぜんなんじろう》。かつて、世界を相手に37戦全勝をやってのけた伝説の名選手です。とっくに現役を引退した今もなお、学生時代に体育会でバリバリやっていたテニス雑誌の記者を相手に、目をつぶったままプレーして一本も後ろに抜かせないほどの腕前。同じテニスの世界に入った息子のリョーマにとっては、セリーナにとってのヴィーナス以上に、絶対的な存在でしょう。

周りから見れば中学生離れしたスーパープレーヤーであるリョーマも、そんな父親から見れば、まだまだ半人前。南次郎に言わせれば、「今のリョーマのテニスは、俺の模倣《コピー》なんだ」（第5巻160ページ）ということになります。

リョーマの父、越前南次郎。現在は寺の住職を務めるが、若かりし頃は、
「サムライ」と呼ばれ、グランドスラム制覇を期待されるほどの伝説的テニスプレーヤーだった。
ジャンプコミックス『テニスの王子様』第5巻160ページ

そして、まだリョーマには「やらなくちゃならねぇ事が一つ残って」いる。それが何なのか、南次郎はテニス雑誌の記者に教えませんでしたが、たぶん彼は僕がここで話しているのと同じことを言いたかったのではないでしょうか。つまり、父親から盗めるものを盗んだあとは、自分だけのオリジナルなスタイルを作り上げなければいけない。それができたとき、越前リョーマという一人前のテニスプレーヤーが完成するということです。

もちろん、リョーマ自身もそれを自覚しています。同級生に、テニスをやっている理由を問われたとき、彼は「やっつけたい奴《やつ》がいるんだよね！」と答えました（第2巻74ページ）。この「やっつけたい奴」とは、当然、南次郎のことでしょう。父親を乗り越えないかぎり、ほかの選手をいくら負かしても、テニスで「勝った」ことにはならないと思っているわけです。

リョーマの「まだまだだね」という口癖も、きっと自分が父親からよく言われているセリフにちがいありません。実際、記者に息子の実力を聞かれたときも、南次郎は「リョーマはまだまだだな」と答えました。

リョーマの「まだまだだね」は、試合で負かした相手ではなく、自分自身に向けられた言葉なのではないでしょうか。目の前の相手に勝っても、まだ「やっつけたい奴」にはかなわないことを思い出して、「まだ自分は半人前だ」と言い聞かせている。そんな気持ちがあるかぎり、彼はいつの日か必ず、父親のコピーではない**「自分だけのテニス」**を確立してくれるはずです。

（本文中※のついているテニスプレーヤーについては、195ページから200ページの「ミニ・テニスプレーヤー名鑑」を参照）

3. ダブルスの極意とは

シングルスの選手がダブルスにも出る理由

ツイストサーブやスプリットステップなど、リョーマは中学生にして大人顔負けのテクニックを身につけています。しかしそんな彼にも、青春学園中等部に入ったばかりのころは一つ大きな弱点がありました。

それは、ダブルスです。リョーマは、それまで一度もダブルスをやったことがありませんでした。そのため、桃城《ももしろ》と二人でふと立ち寄ったストリートテニスで、玉林《ぎょくりん》中のペアにあっさり負けてしまいます。

これは、当然の結果でした。何事も、一人でやるのと二人以上でやるのとでは勝手が違うもの。たとえば陸上競技のリレーにしても、ただ足の速い選手を四人そろえただけでは勝てません。バトンタッチの練習をしなければ、一つの「チーム」として実力を発揮することはできないのです。

テニスのダブルスも同じで、リョーマほどの腕前があっても、生まれて初めてやって勝てるほど甘いものではないでしょう。なにしろ彼は、ダブルスコートのラインを指して「ダブルスってここもINなんっスよね」（第3巻81ページ）とブツブツ言うほど不慣れだったのです。

現実には、まったくダブルスをやらないシングルス専門の選手というのは、まずいません。たしかにシングルスとダブルスでは戦い方が異なりますが、そこは同じテニスですから、もちろん共通する部分もたくさんあります。それどころか、ダブルスをやることによって、シングルスが上達する面も少なくありません。だから、シングルスの選手もダブルスをやるのです。

たとえばダブルスの場合、二人が半分ずつ前衛と後衛をやるので、ネット際《ぎわ》でプレーする機会が多くなります。そこではボレーやドロップショットといった細かいテクニックが必要となるわけですが、これは当然、シングルスでも使うものです（第3巻の130ページで、乾《いぬい》がダブルスの陣形について説明しています）。

でも、シングルスだけやっていると、どうしても後ろのほうでプレーする時間が長くなってしまい、細かい技術を勉強する機会があまりありません。ネット際でのプレーが多いダブルスもトライしたほうが、そういうテクニックを身につけやすいのです。ですから本当は、年齢が低い初心者ほど、積極的にダブルスを経験するべきでしょう。

初心者だけではありません。みなさんの中には、プロのトーナメントでシングルスの優勝を狙うような一流選手が、同じ大会のダブルスにも出場しているのを見て、不思議に思ったことのある人も多いのではないでしょうか。「両方に出場したら体力を消耗《しょうもう》してしまうから、シングルスだけに絞《しぼ》ったほうがいいのではないか」というように考えるのも無理もないと思いますが、実際には、二人で戦うダブルスはシングルスほど疲れません。むしろ、ダブルスでテクニックに磨きをかけたほうが、シングルスでの勝利につながる。だから、多くのプロ選手が両方に出場するのです。

それに加えて、ダブルスには気分転換になるという面があるのも無視できません。というのも、孤独でプレッシャーも大きいシングルスに対して、ダブルスはプレッシャーが半分になるので気楽に戦えます。僕も経験がありますが、ダブルスをやっていると、「シングルスでもこれぐらいリラックスして戦えたらいいのにな」と感じることがしばしばでした。

しかも、プロの試合を見ればわかるとおり、シングルスはみんな怖い顔をして戦っていますが、ダブルスのほうは笑顔ばかり。ポイントを取るたびに、ペアを組んだ選手とニコニコとハイタッチなどしながら、楽しく試合ができるのです。

大会中、強いストレスを感じている選手には、これがとても良いリフレッシュになる。それも、多くの選手がダブルスに出場する理由の一つでしょう。

また、ダブルスはシングルスの「付け足し」のように考えている人もいるようですが、どの大会に行ってもダブルスの試合は非常に盛り上がっています。実際に、大会に足を

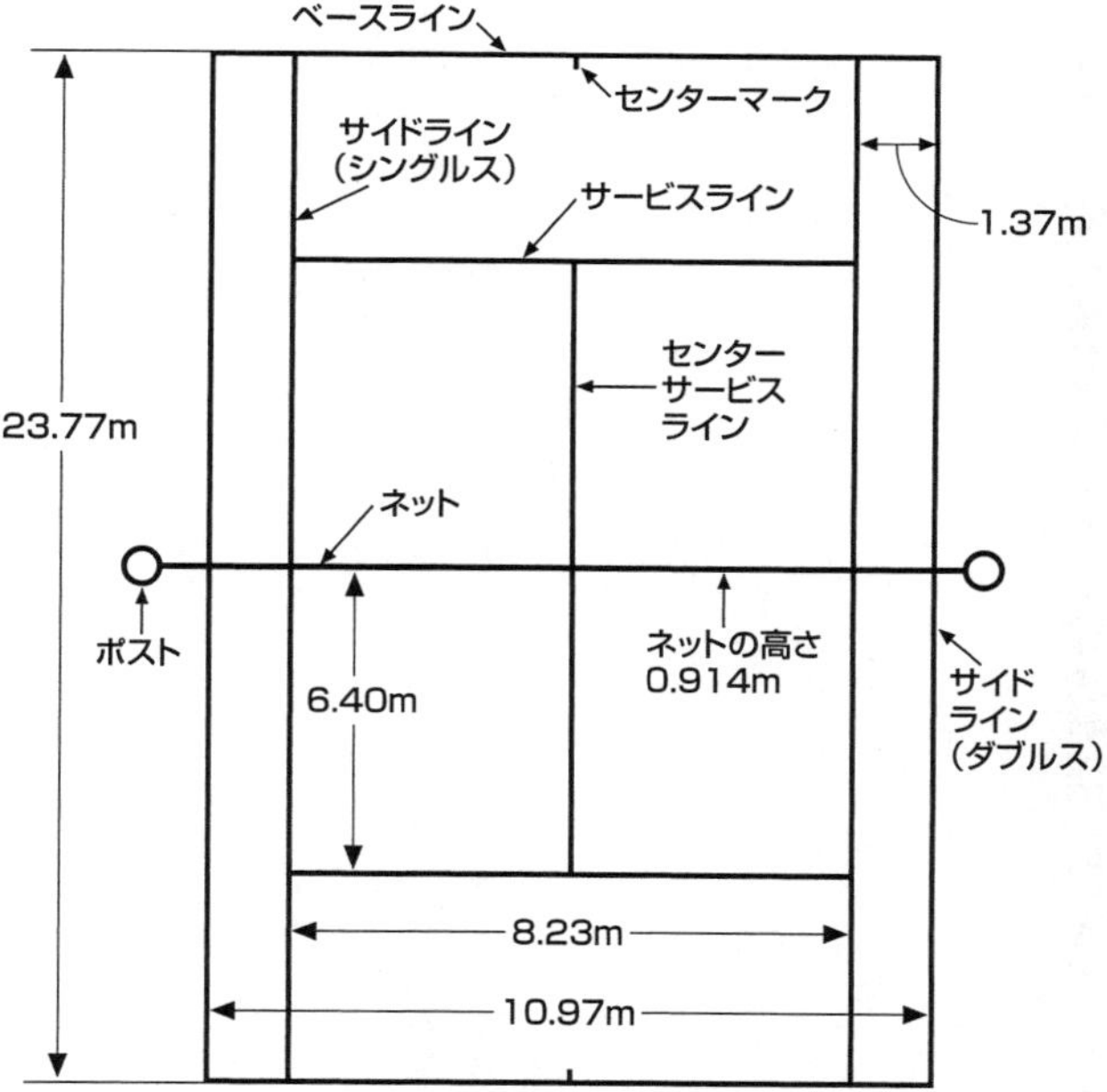

テニスコートの略図。テニスの試合は世界中どこでもこの規格で行われる。
ダブルスとシングルスでは、サイドラインが異なることに注目してほしい。

運べばそのことがよくわかると思いますが、テレビでもぜひダブルスの試合をもっと放送してもらいたいものです。

コートの中で「すいません」は禁句

さて、ストリートテニスで負けたリョーマと桃城は、よほど悔しかったのでしょう。地区予選の玉林戦でリベンジを果たすため、あえてシングルスを捨ててダブルスにエントリーしたいと顧問の竜崎先生に希望を出し、認められました。

しかし、序盤こそ一夜漬けで仕込んだ「阿吽《あうん》戦法」で真ん中のボールを打ち返していたものの、すぐにコンビネーションの悪さを突かれて劣勢になってしまいます。

もちろん、彼らの実力をもってすれば、シングルスなら負ける相手ではなかったでしょう。しかし玉林中の選手も言ったとおり、「ダブルスにはダブルスの戦い方がある」（第3巻119ページ）のです。強い人を二人そろえたからといって、勝てるとはかぎりません。

では、「ダブルスの戦い方」とは何か。その極意《ごくい》は、コートチェンジのときにリョーマがポツリともらした言葉に表れています――「外の敵より内の敵っス」（第3巻134ページ）。

リョーマ・桃城ペアは二人とも守備範囲が広すぎて、どのボールも相手に任せること

ダブルス初挑戦のリョーマ。玉林中との試合で先輩の桃城とコンビを組むが、
コンビネーションがうまくかみ合わず苦戦する。
ジャンプコミックス『テニスの王子様』第3巻134ページ

ができず、自分で打とうとしてしまいます。そのため、お互いのことをじゃまに感じるようになっていました。本当は「外の敵」である玉林ペアと戦わなければいけないのに、「内の敵」である味方同士で戦っている状態になってしまったのです。

これでは、試合に勝てるはずがありません。何よりもコンビネーションが大切なダブルスでは、**「敵を三人にしないこと」**が最大のテーマ。相手のペア二人に自分の相棒を加えた三人を敵に回して「3対1」になってしまったら、もうテニスにはならないのです。

これはリョーマたちだけでなく、現実のダブルスでもよくあること。もっとも、彼らのように、「フォローしろよ～」「桃先輩こそ、出るんだったら決めて下さいよ」などと試合中にケンカを始める強気な人はあまりいません。多いのは、逆に自分のミスを必要以上に気にして弱気になってしまう人です。

たとえば自分のサービスのときにダブルフォルトを犯したりすると、いちいちパートナーのところに行って、「すいません」などと謝《あやま》ってしまう。その気持ちはわかりますが、これは百害あって一利なしです。

もし、それでミスがなくなるのであれば、謝ったほうがいいでしょう。でも、まずそんなことはありません。むしろ、謝ることでどんどんプレーが悪くなることが多いもの。謝ることによって「悪いのは僕だ」と自分を否定してしまい、自信を失って思い切ったプレーができなくなってしまうのです。

これは次の章でもお話ししますが、そもそもテニスという競技はミスがあって当たり前。それをいちいち謝っていたのではキリがありません。たしかに、ミスをすればポイントを失うわけですが、テニスとはそういうもの。悪いことをしたのではないのですから、謝る必要はないのです。

それに、自分がミスをして謝れば、パートナーもミスをするたびに謝らなければいけないような気持ちになってしまうでしょう。コートの中でお互いにペコペコ頭を下げているようでは、「味方」とはいえません。ある意味で、それは「内の敵」になっているのです。

ダブルスというのは不思議なもので、二人とも調子がいい時間帯というのはあまりありません。シーソーのように、一人の調子が上がると、もう一人の調子が落ちることが多いものです。そのため、ミスをしたほうは余計に「パートナーがしっかりやってるのに、自分ばかりミスをして……」と申し訳ない気持ちになりやすいわけです。

もちろん、試合が終わった後に「あそこでミスしてゴメン」と謝るのはいいでしょう。そこから次に向けた反省点が見えてくれば、大いに意味があります。

でも、試合中のコートで「ごめん」や「すいません」は禁句。

そんなふうに謝るぐらいなら、リョーマたちのように「おまえが悪い」と言い合ったほうが、強気な姿勢を失わない分だけマシかもしれません。もっとも、サービスやスマッシュを味方の後頭部にぶつけてしまったときは、さすがに彼らも謝っていましたが……。僕も、パートナーに痛い思いをさせたときだけは謝ったほうがいいと思いますが、それ以外は必要ないでしょう。

これはダブルスの試合中だけでなく、ふだんの練習でも言えることです。たとえばラリーの練習をしているときなども、ちょっとアウトしただけで「すいませーん」と相手に謝る人が多いのですが、そんなことをしていたら、練習の最初から最後まで謝りっぱなしになってしまいます。

せっかくプレーを楽しむためにテニスをしているのに、人に頭を下げてばかりいたのでは面白くありません。一所懸命やった結果のミスを責める人がいたとしたら、間違っているのはその人のほうです。次に同じミスをしないよう心がければ、それでいい。ミスも含めてテニスなのですから、ビクビクしないで楽しんでほしいと思います。

ミスは決して悪いことではない。でも同じミスはくり返さないようにすることが大事です。

4. 絵空事ではない「テニプリ」のスーパーショット

左右両腕でプレーする選手は本当にいる！

昔からスポーツ漫画には、現実ではあり得ないようなスーパープレーがたくさん描かれてきました。有名なものとしては、たとえば『巨人の星』という野球漫画に出てきた「消える魔球」があります。漫画やアニメを見たことのない若い人でも、その言葉ぐらいは聞いたことがあるかもしれません。

これは、まさに「魔球」としか言いようのないものでした。なにしろピッチャーの投げたボールがバッターの手元で消えてしまうのですから、打てるはずがない。でも実際には、そんなボールを投げるのは不可能です。

漫画の世界にはそんな例が多いので、『テニスの王子様』の読者の中には、リョーマたちのスーパープレーを見て、「漫画だから何でもできるけど、こんなの本当はできっこない」と思っている人が多いのではないでしょうか。

たしかに彼らのすごいプレーを見ていると、僕も「中学生でこのレベルだとしたら、この漫画の世界でも行われているはずのウィンブルドン大会（全英オープン）で優勝するプロ選手って、いったいどんな怪物なんだろう」と思わないわけではありません。

けれども、登場人物たちがケタ外れに早熟なことを除けば、この作品（とくに初期）で描かれているテニスには現実的なところがたくさんあります。「本当はできっこない」どころか、実際のテニスで当たり前のように行われているプレーも多いのです。

たとえば、リョーマは左利きですが、反対の右でも高校生を軽く打ち負かすほどの実力を持っています（第1巻57ページ）。青春学園の上級生を驚かせた「缶倒しゲーム」でも、使ったのは利き腕の左ではなく右でした（第1巻75ページ）。

これなど、「漫画だからこそ」と思っている人が多いでしょう。でも、そんなことはありません。さすがに数は少ないので「当たり前」とは言いませんが、左右両方でプレーするテニス選手は本当にいます。

たとえば、女子の第一人者として活躍していた伊達公子《だてきみこ》※さん。

右利きの彼女は、バックでは届かないボールを、とっさにラケットを左手に持ち替えて拾おうとすることがありました。伊達さんはもともと左利きだったのですが、子どものころに、お箸《はし》も鉛筆もラケットも右で使うように直されたとか。だから、とっさに左でボールを打つこともできるわけです。

もっとも、伊達さんの場合はごくたまに左を使うだけで、サービスやスマッシュを左で打つことはありません。リョーマとは違います。でも世の中には、どちらも同じように使う本格的な「両刀《りょうとう》づかい」がいるのも事実。そういう選手と試合をしたことのある僕が言うのですから、間違いありません。

それは、ルーク・ジェンセン※というアメリカの選手です。グランドスラム大会のダブルスで優勝したこともある、有名な選手です。

この選手は基本的には右利きなのですが、左でもすべてのショットを同じように打てるのです。僕と対戦したときも、サービスを左で打ったり右で打ったりして、頻繁《ひんぱん》に使う腕を替えてくるので、やりにくくて仕方ありませんでした。

実は、テニスは基本的に左利きのほうが有利なスポーツです。右と左では打ったボールの回転や軌道が逆になるので、あまり対戦する機会のない左利きが相手だと、自分が右利きだろうが左利きだろうが関係なく、不慣れなので戦いにくい。相手のボールに慣れるまで、時間がかかってしまうのです。

子どもでも練習すれば打てるライジングショット

そんなわけで、リョーマたちのテニスは決して現実離れしたものばかりではありません。リョーマのツイストサーブやドライブB、桃城のダンクスマッシュ、海堂《かいどう》のスネイクショットといった派手なワザも、絵空事ではないのです。

たしかに、ネットの横からボールを巻いて入ってくるブーメランスネイクなど、そう

ジャンプコミックス『テニスの王子様』第1巻74, 75ページ

本来は左利きであるリョーマだが、右手でも正確無比なショットを打ち、
新入生から金を巻き上げようとしている２年生たちを驚かせる。

そう現実の試合で見られるものではありませんが、少なくともプロにとってはそれほど難しい技術ではないでしょう。アウトになりそうな勢いのボールが急にストンと落ちて入るドライブBなど、テレビではわかりにくいでしょうが、プロはいくらでも打っています。

この本は技術書ではないので、それぞれの打ち方を知りたい人は専門書やテニス雑誌で勉強してほしいのですが、ここで一つだけ、『テニスの王子様』に出てくるショットについて説明しておきましょう。「ライジングショット」です。

これは、リョーマの先輩である不二周助《ふじしゅうすけ》の弟、不二裕太《ゆうた》の得意技。漫画の中でも解説してあるように、ボールが上がりきる前にふつうよりも早いタイミングで返すことで、相手に余裕を与えないショットです（第8巻166ページ）。聖ルドルフ学院中は、リョーマに左利き選手との対戦経験がないことを見越して裕太をぶつけてきたわけですが、実際にリョーマを苦しめたのは相手が左利きであることではなく、このライジングショットでした。

さきほど紹介した伊達公子さんの試合をテレビで見たことのある人は、アナウンサーや解説者が、しばしばこの言葉を口にするのを聞いたことがあると思います。ライジングショットは、彼女が世界を相手に戦うために磨き上げた強力な武器でした。

そんなこともあって、このショットがプロ級の上級者にしか打てない特別なものだと

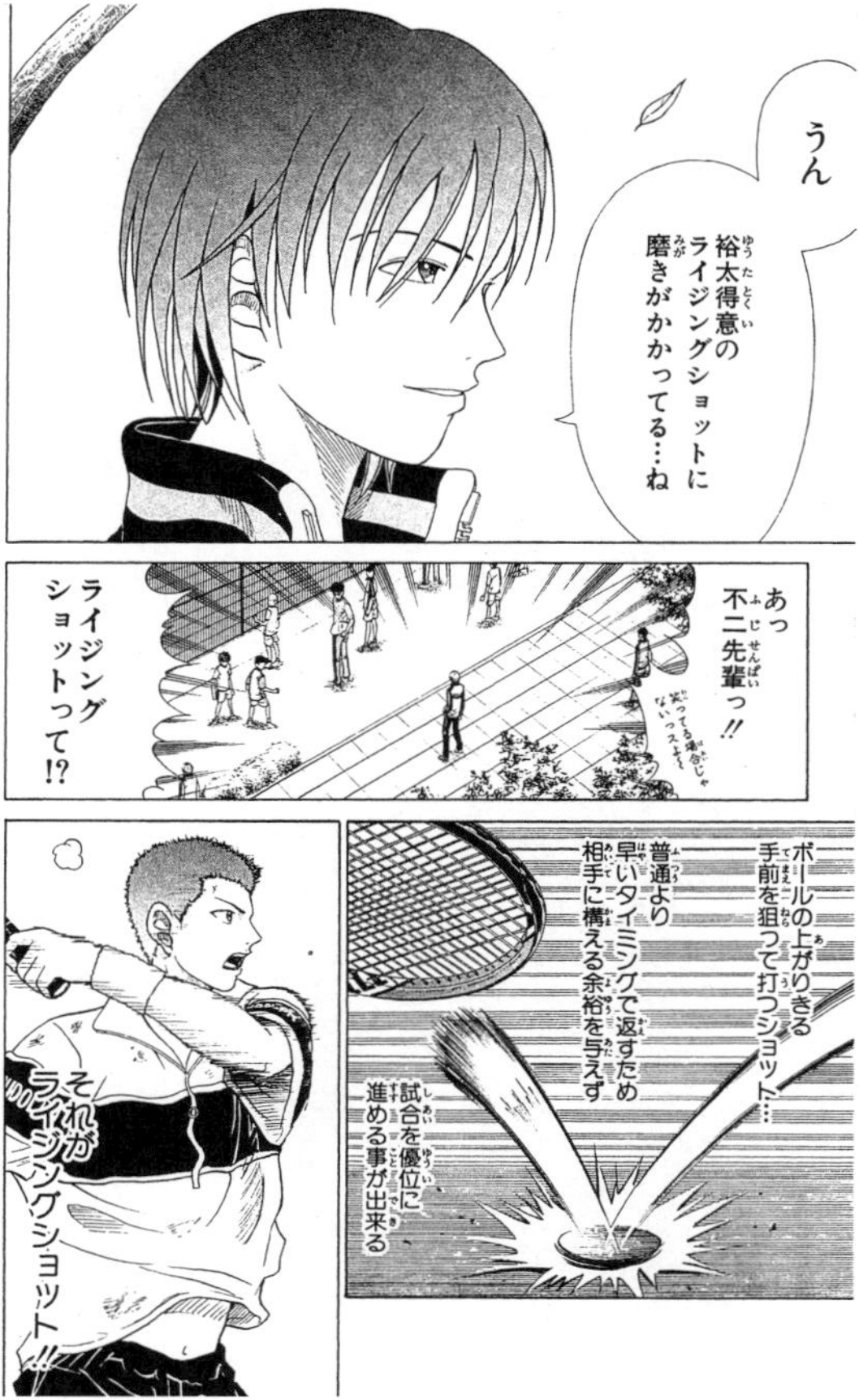

青学の不二周助の弟でもある聖ルドルフ学院の不二裕太と対戦するリョーマは、
裕太得意のライジングショットに苦しめられる。
ジャンプコミックス『テニスの王子様』第8巻166ページ

思っている人も多いでしょう。「ライジングショット」というカッコいい名前を見ただけで、初心者には縁のないものだと感じる人もいるかもしれません。

でも、これはテニスを始めたばかりの人でもちゃんと練習すれば打てるようになる、簡単なショットです。僕が子どもたちを指導するとき、最初に教えるのもこれ。絵空事どころか、ごく当たり前の基本的な技術なのです。

では、ライジングショットはどうやって打つのか。まず、打つときのフォームはふつうのショットとまったく変わりません。打点の高さも同じ。ふつうと違うのは、打つタイミングだけです。

ふつうは、ワンバウンドしたボールが落ちてきたところを叩《たた》くわけですが、ライジングの場合は落ちる前に叩く。日の出のことを英語で「サン・ライズ」といいますが、これもボールが上がってきたところで打つから「ライジング」と呼ぶのです。

このショットのいいところは、相手に構える余裕を与えないことだけではありません。バウンドしたボールというのは、だんだんスピードが遅くなっていきます。だから、強いボールを返そうと思ったら、タイミングが遅いほど自分で力を加えなければいけません。

ところがライジングはまだボールにスピードがあるうちに叩くので、あまり力を入れなくても強いボールを返すことができる。相手が打ったボールのパワーを利用して打ち

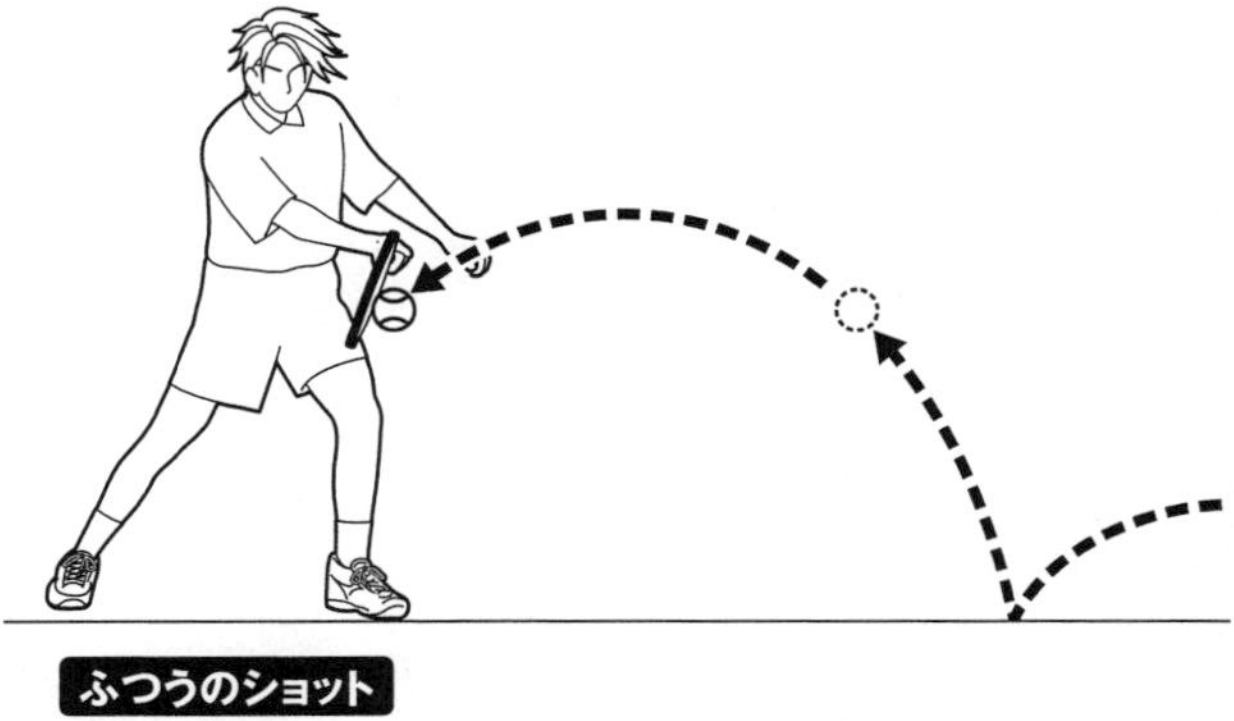

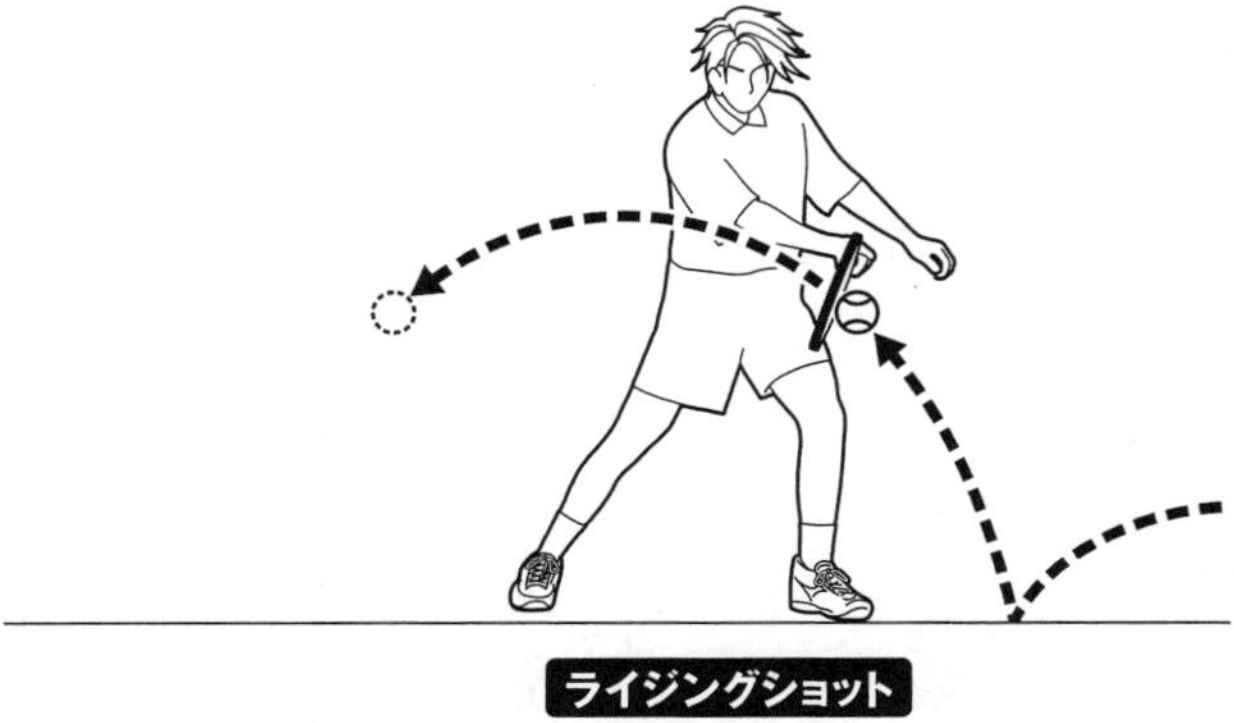

みんなも「ライジングショット」に挑戦してみよう！
打点の高さは同じだが、位置が違うことに注意。

返すことができるのです。伊達さんがライジングショットを武器にしたのも、日本人はどうしても欧米の選手にパワーの点で劣るため、それをカバーしようとしたのでしょう。

ライジングショットを打つときは、ふつうよりも早いタイミングでラケットを振ることになりますから、そのぶん、早く打つ体勢を作らなければなりません。相手のボールが落ちる場所を早く予測して、早く構える。そういう機敏な動作を求められるので、誰にでもできるとはいえ、ふつうのショットよりは余計に練習が必要です。

あらゆるボールをライジングで返そうと思ったら、よほどの修練が求められるでしょう。伊達さんや不二裕太の場合は、ふつうはライジングで打てないようなボールも打てるレベルまで技を磨き上げたから、それをほかの選手にはない武器にすることができたのです。

みなさんもライジングにトライしてみましょう。構えを早く、良いポジションで。新しい次元でテニスができますよ！

2ND Set

理想的なテニスの戦い方

『テニスの王子様』には、実戦に役立つプレー、
勝負に対する心構えなど、テニスプレーヤーにとっての
ヒントが、数多く盛り込まれています。
それでは、みなさんが実際にテニスをするときに、
これらのヒントをどのように応用すればいいのでしょうか。
リョーマたちの戦う姿を通して、理想的な
テニスの戦い方について考えてみましょう。

1. 自分の「弱点」より「武器」を探せ

テニスは背丈でやるものなのか？

みなさんは、「これは自分に向いていない」と決めつけて、何かやりたいことを諦《あきら》めたことがありませんか？

たとえば「リズム感が悪いからピアノはうまくならない」とか、「足が遅いからサッカーの選手は無理」などといった具合に、やりたいことに最初から背を向けてしまうのは、とても残念なことです。

たしかに、人間には「向き不向き」というものがあるでしょう。誰もがピアニストやサッカー選手になれるわけではありません。

でも、それはやってみなければわからない。ピアノを習うことで逆にリズム感がよくなったり、サッカーをやることで足が速くなることだってあるでしょう。それに、プロになるかどうかは別にして、自分のために楽しむのが目的であれば、それを「やりたい」と思っただけで十分に「向いている」とさえ言えるだろうと思います。

いずれにしろ、チャレンジもしないで「向いていない」と諦めてはいけません。そもそも、その「向いていない」という考え方自体が間違っていることだってあるのです。

たとえばテニスで多いのは、「身長が低いから強くならない」というもの。本人はやる気があるのに、親やコーチが「この子は背が低いから、いくら練習してもモノにならない」などと決めつけてしまうこともあります。

『テニスの王子様』の登場人物の中にも、そんな人がいました。山吹《やまぶき》中のテニス部でマネージャーをやっている、壇太一《だんたいち》という少年です。

身長151センチの太一は、親やコーチに言われたわけではなく、自分で「背が低いから」と選手になるのを諦めている様子（第11巻92ページ）。それでもテニスが好きだから、あえてマネージャー役を引き受け、尊敬する先輩・亜久津《あくつ》のために対戦相手のデータを集めたりしているのだと思います。

そのため、本人とは知らずに出会ったリョーマから、青学《せいがく》のレギュラーを取った一年生が自分と同じ身長だと聞かされたとき、彼は「そんなチビだったなんて意外です」とびっくりしていました。

でも僕に言わせれば、これは少しも意外ではありません。

僕も、今でこそ188センチありますが、テニスを始めたころは背が低かったのです。リョーマよりは高かったものの、高一まで164センチ。テニスをやっている少年の中では、かなり低いほうでした。

それでも僕は、背の高い選手を相手にしても対等に試合をしていました。たしかにサービスのスピードやパワーではかなわないのですが、そのぶん、相手の弱点を突いたりする作戦面や、心理的な駆《か》け引きの面などで上回っていたのです。ほかのスポーツと同じように、テニスも頭を使う競技ですから、体格だけで勝負が決まるわけではありません。

それに、最近のテニス界では、とくに男子の場合、背が低い選手の活躍が目立ちます。以前は時速200キロを超えるパワフルなサービスを打てる大柄な選手のほうが有利だと言われていたのですが、各選手の筋力や瞬発力がアップしたおかげで、その高速サービスをリターンすることが可能になってきました。サービスをリターンできた時点でストローク合戦が始まり、身長の高低はほとんど関係なくなります。今では一昔前までのようなサービスエースの奪い合いではなく、ストローク勝負になる試合が多くなっているのです。

つまり、瞬発力があって広い範囲を動ける選手のほうが有利になるわけです。どちらかというと、背が高い選手はそういうプレーがあまり得意ではありません。背の低い選手のほうが、すばしっこく動き回ることができるという点では有利になることもあるのです。

だから僕の場合、ジュニアの指導をしていてそういう選手に出会うと、「この子は、

山吹中テニス部マネージャーの壇太一。背が低いので
プレーヤーになるのをあきらめていたが、リョーマが自分と同じ身長であると知り驚く。
ジャンプコミックス『テニスの王子様』第11巻92ページ

あまり背が伸びなければいいな」と思うこともあるくらいです。そんなわけですから、テニスをやるのに身長はまったく関係ありません。

それを証明しているのが、ほかならぬリョーマでしょう。同じ背丈《せたけ》のリョーマが亜久津を倒すのを見て、太一もそのことを理解しました。そして「ボクも選手としてあのコートに立ちたいです!!」と言って、部長に入部届を出します（第13巻79ページ）。あらためて選手としてのチャレンジを始めた太一に、僕は心から拍手を送りたいと思います。

ボールのスピードより、相手のイヤなところを突く正確さ

もし、テニスが「背が高いほうが有利」なスポーツだったら、こんなに見ていて面白くないものはないでしょう。背丈で勝負が決まるなら、わざわざ試合なんかせずに、コートで身体測定でもすればいいのです。

でも実際には、背の低い選手が勝つことなど少しも珍しくありません。男子プロの世界ランクを見ても、トップ10に170センチ台の選手が多くなってきています。いろいろなタイプの選手たちが、それぞれの特徴を活《い》かして試合をする。だからテニスは見ていて面白いし、プレーする人間にとってもやり甲斐《がい》があるのではないでしょうか。

また、多くの人が「有利・不利」について誤解しているのは、身長だけではありませ

ん。たとえばテニスをやっている子どもたちの中には、「速いボールを打たないと勝てない」と思い込んでいる人がたくさんいます。

だから、あまりパワーのない子もラケットをブンブン振り回してスピードのあるボールを打とうとするのですが、これも大きな勘違い。テニスで大事なのは、ボールのスピードではないのです。

もちろん、速いボールは打ち返しにくいので、それも一つの武器にはなるでしょう。でも、ボールが遅いからといって「勝てない」わけではありません。勝つためにもっと大事なのは、ボールコントロールの「正確さ」です。

いくらスピードのあるボールでも、打ちやすい場所に飛んでくれば、誰でも簡単に返すことができます。しっかりボールを見定めて、正しいフォームで待ち構えていれば、打ち返せないボールはありません。実際、僕は初心者や年配の方を相手にしたクリニックで時速200キロのサービスを打つこともあるのですが、しっかりとリターンの方法を指導し、一時間も練習すれば八十歳の女性でもそれを打ち返せるようになるものです。

それに対して、「正確なボール」はそうはいきません。

たとえば、前に出てネットについているときに、ベースライン際のギリギリの場所にボールを落とされたら、まず拾《ひろ》うことは不可能です。あるいは、どんな選手にも苦手なコースというのがありますから、そこを正確に狙うことができれば、ボールにスピードがなくても有利に試合を進めることができるでしょう。どんなに速いボールを打っても、得意なコースにばかり飛んできたら、相手は少しも苦しくないのです。

ですから、パワーがなくて速いボールが打てなくても、それだけで「勝てない」と諦めることはありません。背が低い人には背が低い人にしかできないテニスがあるのと同様、パワーのない人にも、それなりの戦い方というものがあります。

テニスはさまざまな条件が複雑にからみあって勝負が決まるスポーツですから、要は自分の特徴に合った、ほかの人には絶対に負けない「武器」を見つけてそれを磨けばいい。わざわざ弱点を探して「ダメだ」と落ち込んでいたのでは、いつまでたっても自分を活かすことはできないのです。

2. 攻撃は最大の防御だ

ピンチでも気持ちはいつも攻撃的に

これまでリョーマが演じてきた数々の名勝負の中でも、山吹中の亜久津仁《じん》との一戦（都大会決勝）は、とびきり熱のこもった激闘でした。

中学生のくせにタバコを吸ったり、暴力をふるったりするなどの感心できない点もありますが、亜久津はリョーマに勝るとも劣らないすばらしい素質を持った選手です。なにしろ伴爺《ばんじい》（山吹中テニス部顧問の伴田《ばんだ》先生）が「世界を狙える素質を持っている」と言うほどの逸材《いつざい》ですから、リョーマが苦しめられたのも無理はありません。

試合の序盤は亜久津のペース。さすがはリョーマ、しばらくすると相手の動きについていけるようになりましたが、それが相手の闘志に火をつけ、さらに「緩急《かんきゅう》をつけてみましょう」という伴爺のアドバイスが効いたこともあって、亜久津はますます強くなっていきます。

そんな苦しい場面でリョーマを支えたのは、「勇気」でした。

「テニスは技術もさる事ながら精神面《メンタル》が大きく左右するスポーツだ」という手塚《てづか》部長の

言葉どおり、同じくらいの実力を持つプレーヤー同士の試合では、気持ちの上で引かないことが大切。ピンチを迎えたからといって弱い気持ちになってしまったら、余計に押し込まれてしまいます。

リョーマは、コートの周囲で見守っている先輩たちが感心するほど、勇敢に戦いました。乾が言ったように、「弱い心を持つ事が戦いの場において最もダメな事を越前は本能的に知っている」のです（第13巻37ページ）。

実際、ピンチを迎えて気持ちの上で引いてしまうと、自分のほうから攻めることができません。たとえば相手のボールが、追いつくのが精一杯のところに返ってきたとしましょう。強いボールは打てないので、こちらとしては緩《ゆる》いロビング（山なりの高いボール）を返すしかありません。

この場合、同じロビングにも、「守りのロビング」と「攻めのロビング」があります。「守りのロビング」というのは、とにかくラケットに当てて相手のコートに入れるだけのボールのこと。当然、相手にとってはチャンスボールです。よほどのミスをしないかぎり、ポイントは相手のものになる。ロビングを上げたほうは、「お願いだから、どうか相手がミスしてくれますように」と祈るしかないわけです。

もちろん、祈りが通じて相手がミスすることもあるでしょう。でも、仮にそこで運よく1ポイント取ったとしても、相手のミスを待つだけの消極的な気持ちで戦っていたの

山吹中の亜久津と熱戦を繰り広げるリョーマの勇敢な戦いぶりを目の前にして、手塚たち先輩は、テニスにおけるメンタルの重要性を再認識する。
ジャンプコミックス『テニスの王子様』第13巻37ページ

では、試合の流れは自分のほうに来ません。目の前のピンチをしのいだだけで、その後はまたピンチの連続になるはずです。

では、どうすれば流れを変える積極的な戦い方ができるのか。

そのために打つのが、「攻めのロビング」です。山なりの緩いボールでも、相手がいやがるところに落とせば、それは「守り」ではなく「攻め」になる。いちばん狙いたいのは、ベースライン近くの深い位置です。

テニスでは、どんなに上手な人でも、返ってきたボールが深ければ深いほど決めるのが難しいもの。相手のコートまで距離があるので、ギリギリの深いところに返されると、ポイントを取るのは容易ではありません。一発でエースを決めるのは、まず無理です。

しかもロビングを打ったほうは、自分の体勢を整える時間を稼ぐことができる。相手のボールに余裕をもって対応することができるわけです。

ですから、いつでも正確にベースライン際に落とす技術さえあったら、テニスで負けることはほとんどないといってもいいでしょう。たとえばリョーマも、高校生の佐々部と試合をしたときに、佐々部が「くそ！　ムカつく程深い球を打ちやがって!!」と腹を立てるようなボールを何度も何度もしつこく打ち続けたことがありました（第1巻36ページ）。それが誰にとってもいやなボールであることを、よく知っているのです。

思い切り打つだけが「攻め」ではない

ところで、気持ちが「守り」に入るのはピンチのときだけではありません。不思議なもので、自分がポイントの上でリードしているときにも、弱気になることがあるのです。たとえば、自分がマッチポイントを迎えたとき。あと1ポイントでその試合に勝てるわけですから、どうしても落としたくありません。ジュニアの試合を見ていると、こういう場面では、十人のうち九人までが「守り」に入ります。

本当なら、ポイントを取りに行くのですから「攻め」が必要なはず。ところが多くの人が「このマッチポイントを大事にしたい」という気持ちになってしまい、きわどいところを狙うことができません。ミスをしないよう安全に打ち返して、相手のミスを祈るだけの弱気なテニスになってしまうのです。

相手にとって、これほど楽なことはないでしょう。なにしろ、「あと1ポイント落としたら負け」という苦しいところまで追い詰められているときに、安全第一の簡単なボールを返してくれるのです。ピンチだったはずなのに、一転してチャンスがおとずれる。そのため、負けていたほうがかえって強気を取り戻し、マッチポイントをしのいで劣勢の試合を挽回《ばんかい》することが少なくありません。

ですから、テニスの試合ではピンチのときもチャンスのときも「攻め」の気持ちを忘れないことが大切。テニスというのはどんなときも攻めるスポーツであって、「守り」というものはありません。

たとえばサッカーやバスケットボールなら、相手がボールを持っているときはディフエンスにまわらざるを得ないでしょう。攻めようと思ったら、まずしっかり守備をしてボールを奪わなければいけない。

でもテニスは、相手がボールを「持っている」ということがありません。飛んできたボールは、すべて自分が攻めるべき「マイボール」なのです。そういう意味で、伴爺に「彼の辞書に『守る』という文字はありません」(第12巻106ページ)と言わせたほど強気な亜久津が強いのも当然でしょう。どんな体勢からでも攻撃的なボールを打てる彼は、相手のミスを待ったことなど一度もないだろうと思います。

ただし彼の場合、「攻め」の気持ちが強すぎるあまり、いつでも強くて速いボールを打とうとしてしまう欠点がありました。

テニスの「攻め」とは、なにも強いボールを思い切り打つことだけではありません。前項でもお話ししたように、遅くて緩いボールでも、正確さがあれば十分に「攻撃」になる。一本調子で速いボールばかり打っていると、相手もそれに慣れてくるでしょう。だからこそ伴爺は「緩急をつけてみましょう」と亜久津にアドバイスしました。

ジュニアの試合を見ていても、マッチポイントで「守り」に入ってしまう選手がいる

山吹中テニス部顧問の伴爺に「10年に1人の逸材」と言わしめるほど、
優れた運動能力を持つ亜久津。攻撃的なプレースタイルでリョーマの前に立ちはだかる。
ジャンプコミックス『テニスの王子様』第12巻106ページ

一方、逆に「攻めるぞ、攻めるぞ」と肩に力が入ってしまい、練習でも十回に一回しか成功しないような難しいショットにチャレンジしてミスを連発する選手がいます。「攻め」の姿勢を持つのはいいのですが、これでは試合に勝てません。実際、すごくパワフルなショットを持っているのに、試合になるとなかなかいい結果が出ない選手はよく目にします。

要するに、テニスの「攻め」や「守り」というのは、ボールの強さや速さとは関係ないということ。打つボールそのものは弱くても、攻撃的なテニスはいくらでもできるのです。

たとえばプロの世界でも、よく「諦めずに拾って拾って拾いまくるのが持ち味」などと言われる選手がいます。ボールを「拾う」というと、なんとなく消極的なイメージがありますが、そうではありません。「拾う」と「守る」は同じではない。その選手にとっては「拾う」ことが自分の武器ですから、やはりそれも「攻め」なのです。彼らは、ボールを拾いながら「ミスしてくれ」と祈っているわけではありません。

いずれにしろ重要なのは、いつも自分が「攻めている」という意識を持って、気持ちの上で消極的にならないこと。相手のミスを待つのではなく、自分にできることを積極的にやり抜くことから、「攻め」は始まるのだと思います。

3. ミスは「学習」のチャンス

プロの試合でも多いときには100本のミスがある

41ページで、『テニスの王子様』に出てくるスーパーショットのいくつかは、どれも現実に存在するものだというお話をしました。ただ、リョーマたちのプレーに、まったく現実離れしたところがないわけではありません。

それは、彼らが滅多にミスをしない点です。何でもないショットをうっかりネットにかけてしまったり、簡単に返せるボールをアウトさせてしまったりすることが、彼らにはほとんどない。サービスも、ダブルフォルトがないのはもちろん、いつもファーストサービスをしっかり決めてみせます。

これは、やはり漫画ならではのことだといえるでしょう。本来、テニスという競技には、ミスがつきものです。ミスをしない選手など、この世に一人もいません。

もちろん、トップクラスのプロ選手も同じです。グランドスラム大会の試合をテレビで見ていると、ときどき画面に「unforced error」の数が出ることがありますが、あれは要するに「凡ミス」のこと。世界ランクの上位に入っている選手でも、1試合に30〜

50本、多いときには100本もの凡ミスをします。

それを考えると、ミスの少ないリョーマたちのテニスはまさに驚異的。しかし実際には、彼らもノーミスで試合をしているはずがありません。

というのも、僕たちが漫画の中で見ている試合は、最初から最後まですべてのプレーが描かれているわけではないからです。それは、いわばハイライトシーンばかり集めたビデオみたいなものです。

現実の試合でも、テレビのスポーツニュースで流れるハイライトシーンには、選手がミスをした場面がほとんど映っていません。だからリョーマたちも、実は読者の見えないところで数多くのミスを犯しているはずだと思います。

少なくとも、彼らが強いのは「ミスをしないから」ではありません。テニスは、ミスの少なさを競うスポーツではないからです。事実、相手の何倍もミスをした選手のほうが試合に勝つことも、決して珍しくありません。100本もミスをした選手でも勝ってしまうことがあるというあたりが、テニスの面白いところなのです。

ミスが完成させた「羆落とし」対策

ですから、ミスは決して悪いことではありません。テニスの目的は「ミスをしないこと」ではなく、試合に勝つことです。

たしかに、ミスをすれば相手のポイントになるわけで、それが積み重なれば試合に負けるのですから、ミスをしないよう気をつけるに越したことはないでしょう。でも、ミスをしたからといって「もうダメだ。自分は弱い」と考えることはない。そんな罪悪感はわざわざ自信を失わせるだけで、少しも勝利につながりません。

むしろ、試合に勝つためには、ある程度のミスが必要だとさえいえます。なぜなら、ミスは選手にとって、かけがえのない「学習」のチャンスだからです。

テニスにかぎらず、何でも最初から失敗せずにうまくやれる人はいないはず。うまくなるには、「経験」が必要です。いろいろな経験を積めば積むほど、「次」は前よりもうまくやることができる。そして、その「経験」には失敗も含まれます。

失敗すれば、誰でもその理由を考えるでしょう。なぜ失敗したのか考えて、次は同じ失敗をしないような対策を練る。これが「学習」です。そのチャンスが多いほど、だんだんミスが減っていくことは言うまでもありません。

テニスでは、練習中はもちろん、試合中にもこのような「学習」のチャンスがたくさんあります。ミスをするたびに「次」への対策を学ぶことで、選手は試合中にどんどん強くなっていくのです。

たとえば、ほとんどミスをしないリョーマにも、こんなことがありました。青春学園の紅白戦で、先輩の不二周助と試合をしたときのことです。

リョーマは、不二の「羆落《ひぐまお》とし」という得意技をどうしても破れずに苦しみました。いくら渾身《こんしん》のスマッシュを打ち込んでも、不二の「羆落とし」はそれを完全に無力化してしまいます。

それでも、意地になってスマッシュを打ち続けるリョーマ。そのうち、スマッシュをネットに引っかけてしまうという、彼らしくないミスも出てしまいました。周りで見ていた同級生が、「あんな越前、初めて見た」と驚いたぐらいの凡ミスです（第10巻167ページ）。

でも、実はこのミスが、リョーマにとっては大きな収穫でした。彼は次のプレーで、スマッシュをわざとネットの上に当ててコースをずらし、不二のスイートスポットを微妙に外します。そのため不二の返したボールは、わずかにアウト。リョーマはこのプレーを完成させるために、ミスを恐れずにその前のボールをギリギリのところに打っていたわけです。

ミスしたら「よし」とガッツポーズ

このように、ミスは選手を強くします。だから、ミスをたくさんしたほうが勝つこともあります。たとえば、ある選手が第1セットを0―6で落としたとしましょう。1ゲームも取れなかったのですから、ミスもたくさんしています。逆に相手のほうは、ほと

「天才」不二周助との練習試合に臨むリョーマ。決め技のスマッシュを不二に返され、
凡ミスを連発する。しかしリョーマにとってはミスも戦術のひとつ。
ジャンプコミックス『テニスの王子様』第10巻166ページ

んどミスをしないで、楽に1セットをモノにしました。

その選手は、第2セットでもミスをたくさんするかもしれません。でも、第1セットのミスを通じていろいろなことを学んだので、戦い方を修正することができる。その結果、ポイントも取れるようになって、苦しみながらも第2セットを7―5で取りました。第1セットを見ていた人は相手の楽勝だと思ったでしょうが、こんなことがテニスではよくあります。

ミスの数は相手のほうが圧倒的に少なく、取ったゲームの数も7対11で相手のほうが上。でも、テニスの場合はこれでセットカウント1対1のイーブンです。いくらゲームを落としても、セットさえ取れれば対等な勝負になる。そういう点でも、テニスという競技はミスを気にしなくてもいいようにできているといえるかもしれません。

ともあれ、ミスを単なるマイナスにするか、そこから何かを学習してプラスにするかは、本人の考え方次第です。ミスをした瞬間に、「しまった!」「まずい!」と後悔していると、それはマイナスにしかなりません。むしろ、「よし、これで同じミスはしないぞ」「これで、僕はもっと強くなる」といった具合に前向きに考えたほうがいいのです。

テニスの話から少し離れますが、以前、タイガー・ウッズとゴルフをする機会に恵まれました。彼についていちばん印象に残ったのは、スイングの速さなど技術的なことではなく、非常に人をほめることが上手だったということです。僕が打ったたびに、「**OK！**」「**ナイスショット**」「**エクセレント（最高だ）！**」と声をかけてくれたのです。その中のいくつかは明らかにミスショットなのですが……。

そもそも人は誰かにほめられるとうれしいものです。ほめられることによって、自信がつき、より一層がんばろうと思います。世界ナンバーワンの選手にほめられればほめられるほど、僕は自信がつき不安がなくなり気持ちよくプレーすることができました。

驚いたことは、タイガーが自分自身に対しても〝ほめ上手〟だったことです。たとえ納得いかないショットでも「**オーライト（大丈夫）**」「**ネクスト・タイム（次があるさ）**」といつも前向きに、プラス思考でその場の状況をとらえていたのです。

僕はここに彼の強さの秘密を見た気がしました。だからこそタイガーは、大きな大会（国際舞台）やプレッシャーのかかる場面で、いつも積極的でいることができ、最高のプレーができるのだと感じました。

僕自身、ウィンブルドンの試合中、ミスをしても「ナイスショット！」と自分に言い聞かせたことがあります。打ったボールがアウトになっても、それがダメなショットだとは考えない。打ち方そのものは正しかったけれど、ほんの少し外れてしまっただけだと考える。すると、次はちょっとタイミングや位置を修正するだけで、また思い切ったショットが打てるのです。

だから僕は子どもたちの指導をする際、ミスしたときに「**よしっ**」「**やった!**」とガッツポーズをさせることさえあります。ボールをネットに引っかけた子どもがガッツポーズを取っているのですから、外から見ていたら変な光景でしょう。

でも、そういう練習をしていると、不思議と同じミスはくり返さなくなるもの。ミスをくよくよと後悔している人にかぎって、また同じ失敗をしてしまうものなのです。ミスを怖がらない「**強さ**」を持ったプレーヤーを目指しましょう。

4. 相手の弱点を攻めろ

試合延期を主張したグラフの作戦

１９９６年、ウィンブルドン大会の準決勝で、こんなことがありました。当時、日本女子のエースだった伊達公子さんが、決勝進出を賭《か》けて当時世界ナンバーワンだったドイツのシュティフィ・グラフ※選手と戦った試合でのことです。

グラフが第1セットを取り、伊達さんが第2セットを取り返した後、グラフが審判のところへ行き、空を指さしながら何か言いはじめました。「もう日が落ちてボールが見にくいから、サスペンデッドにしてくれ」というのです。ご存じの方も多いと思いますが、ウィンブルドンには２００９年まで照明設備がなく、設置された現在もナイターは行われません。試合の途中で日没になった場合は、その時点で中断し、翌日に続きを行うルール（これをサスペンデッドといいます）になっています。グラフはそれを主張したわけで、これはルールに則《のっと》った正当な行為でした。

ただし、選手がサスペンデッドを求めても、それを受け入れるかどうかは審判の判断です。あのときは太陽が完全に沈んだわけではなく、明るさが残っていたため、多くの人が「まだやれるじゃないか」と感じるような状態でした。

しかし審判はグラフの主張を受け入れて、第3セットは翌日に持ち越し。結局、第3セットをグラフが取って、伊達さんは惜しくも敗退してしまいます。

勝負に「もしも」はないといいますが、あのとき試合がサスペンデッドにならず、そのまま続けられていたら、どうなったかはわかりません。というのも、伊達さんはスロースターターの選手だったからです。

特にこの大会では、一回戦こそストレートで勝ったものの、それ以降はどの試合も第1セットを失ってからの逆転勝ち。つまり彼女にしてみれば、グラフとの試合も「さあ、勝負はこれから」というときに中断させられてしまったわけです。

一夜明けてから行われた第3セットは、ある意味、第1セットみたいなものです。そのためスタートの遅い伊達さんは、エンジンがかかる前に負けてしまったのです。

グラフは、伊達さんがスロースターターであることを見抜いていました。その年の四月に行われたフェドカップ（女子の国別対抗戦）でグラフは伊達さんに逆転負けを喫《きっ》しているからです。ならば、そのまま続けるよりも、いったん中断したほうが自分に有利になる。そう判断したからこそ、まだそれほど暗くなっていなかったにもかかわらず、審判にサスペンデッドを要求したわけです。

テニスは意地悪なスポーツ

みなさんは、このグラフの作戦をどう思うでしょうか。「ずるい」「卑怯《ひきょう》だ」と文句を言いたい人も多いでしょう。負けたのが日本の選手となれば、なおさらです。

でも、グラフは決してルール違反をしたわけではありません。彼女が「もう試合ができない」とわがままを言って帰ってしまったわけではなく、サスペンデッドを決めたのはあくまでも審判です。それを審判に認めさせたグラフは、勝つために必要なことを、自分にできる範囲でしっかりとやっただけでした。

これを「ずるい」と否定したのでは、テニスで勝つことはできません。テニスには、体力や技術を競うだけでなく、「知恵くらべ」のような面があります。いや、それはどんなスポーツでも同じでしょう。たしかに、正々堂々とした力と力のぶつかり合いは見ていて気持ちのよいものですが、それだけでは勝負にならない。勝つためには、頭を使って相手の裏をかいたり、相手がいやがることをしなければいけません。

たとえば大リーグの野球は日本のプロ野球よりも「力と力の真《ま》っ向《こう》勝負」が多いといわれますが、だからといって直球をわざわざド真ん中に投げるピッチャーはいないでしょう。力の勝負を挑みながらも、やはり相手のいやがるコースに投げるはずです。

テニスでも、エースを狙って思い切り打つ場合、相手が予想している見え見えのコースに打ったのではポイントを取ることができません。右へ打つようなふりをして左に打ったり、相手の弱点を狙うなど、意地悪なずる賢《がしこ》いプレーをすることが必要です。そういう意味で、伊達さんの弱点を突き、相手のいやがることをしたグラフの行為は、一種のファインプレーだといえるのではないでしょうか。

もちろん、ふだんの生活の中では、人の弱味につけ込むような意地悪をしてはいけません。でも、コートの中は別。もし、さんざん弱点を攻められて試合に負けたとしたら、それは相手が自分よりも一枚上だったということです。相手を「卑怯だ」などと責めるのではなく、自分の弱点をなくすように努力すべきなのです。

『テニスの王子様』では、聖ルドルフ学院のマネージャー観月《みづき》が、リョーマと戦う不二裕太に、相手の左顔面を狙わせようとしたことがありました。リョーマはその前の地区予選で折れたラケットを左瞼《まぶた》に当てて怪我《けが》をしたため、恐怖心が残っているはずだと考えたのです。

これも、観月自身が「相手の弱点を攻めるのは立派な戦略」（第9巻84ページ）と言っているとおり、決して卑怯な行為ではありません。たしかに、怪我をした顔を狙うのは可哀想《かわいそう》なことかもしれませんが（実際かなり難しい技術です）、試合に出場する以上、その選手に「ハンデ」はないと考えるべきでしょう。

リョーマが顔面へのボールを怖がったとしたら、それも彼の実力のうちだということ

聖ルドルフのマネージャー観月は、不二裕太にリョーマの痛めた左瞼を狙うように
アドバイスするが、裕太は、あくまでも真っ向勝負を挑む。
ジャンプコミックス『テニスの王子様』第9巻84ページ

ですし、恐怖心を突くことは立派な戦略といえます。結局、不二は「越前とは真正面からぶつからせて下さい」と言って、顔面攻撃はしませんが、リョーマほどの選手なら、たとえそこを狙われても恐怖心を克服して見事に打ち返してみせたのではないでしょうか。

恐怖心の意味を教えてくれたレンドル

顔面攻撃ではありませんが、相手の恐怖心をあおるというのも、立派な戦術の一つです。1986年に、世界ランキング・ナンバーワンだったイワン・レンドルと戦ったときのことです。僕にとってそれは、初めて世界の大舞台で戦う経験でした。

試合前のコイン・トスでレンドルが勝ちました。ふつうなら勝ったほうがサービスかリターン、もしくはコートのサイドを選択することができます。コイン・トスで勝つと、試合が始まる前から自分が主導権を握っているような気持ちになるので、かなり重要です。

しかし、なんと彼は「**キミが選びなさい**」と言ってきました。明らかに、僕のことを見下《みくだ》した態度です。ふつうなら怒りを覚えるところですが、相手は世界ナンバーワンのプレーヤーです。大観衆を前にして、僕は怒るどころか恥ずかしさと怖さを覚えてしまいました。レンドルに完全に威圧されていたと言えます。僕はこのとき、審判が試合開始のコールをする前からゲームはすでに始まっているのだ、ということを思い知らされました。

試合が始まってもレンドルは、僕を見下す態度をやめません。最初の1ゲームが終わり、チェンジコートで休憩になりました（2000年から、最初の3ゲームが終わってから休憩することになっています）。「ああ、90秒間休めるぞ」と、僕が少しほっとしてベンチに腰をかけていると、レンドルは腰もおろさず反対側のサイドにすたすたと歩いていってしまいました。

これは間違いなく「早く試合を終わらせよう」という意思表示です。ルール上は全然問題ありませんが、まだ駆け出しであった僕に対するものすごく意地悪な行為です。しかし、意地悪とはいえ、ルールに違反しているわけでもなくこちらも文句は言えません。すっかりペースを乱された僕は、なすすべもなく敗れ去りました。

たしかにレンドルの行為は意地悪の一言ですますこともできますが、言い換えれば、彼は僕の未熟な精神力の弱さを攻めてきたとも言えます。バックハンドが下手な選手には、バックを狙うなどといった技術的な弱点を突くというのは当たり前のことですが、このように、精神力の弱さという弱点を突くのも立派な戦術です。この試合、負けはしましたが（1―6、1―6）、僕にとってとてもいい経験になりました。

こういう話を聞くと、プロの選手はそこまでするのかと驚く人もいるでしょうが、こういう意地悪はあくまでもテニスのほんの一面にすぎません。本来テニスはプレーするものであり（プレーという英語には「遊ぶ」という意味があります）、楽しくなければテニスではないということだけは忘れてほしくないものです。

5. 自分を混乱させるデータ、安心させるデータ

試合前の指示はシンプルに

どんなスポーツでも、対戦相手の分析は試合前に欠かせません。あらかじめ相手の得意技や癖、弱点などを知り、その対策を考えておいたほうが、戦いやすいからです。

青春学園テニス部にもデータ分析のスペシャリストがいるのは、ご承知のとおり。メガネの似合う頭脳派プレーヤー、乾貞治《さだはる》です。

彼の場合、ライバル校の分析だけではなく、味方である青学の選手たちのデータも詳細に調べ尽くしているのですから、レギュラー争いをしているリョーマたち部員にとっても怖い存在でしょう。部内のランキング戦では、「ドロップを打つ際ラケットヘッドが3・2ミリ下がる」などということまで指摘して、部長の手塚を苦しめていました（第13巻167ページ）。

乾ほどの頭脳を持っている人はそういないでしょうが、アメリカのテニス界には選手のデータ分析を商売にしている人がいました。さまざまなプレーヤーのデータを事細かく分析して、試合前の選手に売るのです。僕もある大会の最中に、その人から「どうだ、

次の対戦相手のデータを買わないか」と持ちかけられたことがありました。

その人には選手経験がなく、どうやらテニス観戦が大好きで、数多くのビデオを見ているうちに趣味が高《こう》じてそれを仕事にするようになったようです。でも、その資料には「この選手は、カウント30—15のときは、ここに打ってくることが多い」といったことまで書いてあるというのですから、相当なレベルだといえるでしょう。

ですが、僕はそれを買いませんでした。べつに、彼の分析を信じていなかったわけではありませんし、値段の折り合いがつかなかったのでもありません。同じ大会に出場した選手の中には、彼からデータを買う人もいました。とくに悪い評判は聞こえてきませんでしたから、内容も値段も納得できるものだったのだろうと思います。

それでも僕が買わなかったのは、試合前にあまり詳しいデータを大量に仕入れると、かえって頭が混乱してしまい、自分にとってマイナスになると考えたからでした。

たしかに、データは大切です。しかしテニスは、相手のことを隅から隅まで知っていれば勝てるというものではありません。プレーするのは、あくまでも自分自身。データを気にしすぎて、相手の得意技を封じたり弱点を突いたりすることばかり考えていると、自分のテニスを見失ってしまう恐れがあるのです。

それに、試合の直前に大量のデータを手に入れても、それを十分に消化することはできません。乾のように、プレー中でも瞬時にデータを思い出してプレーに結びつけられ

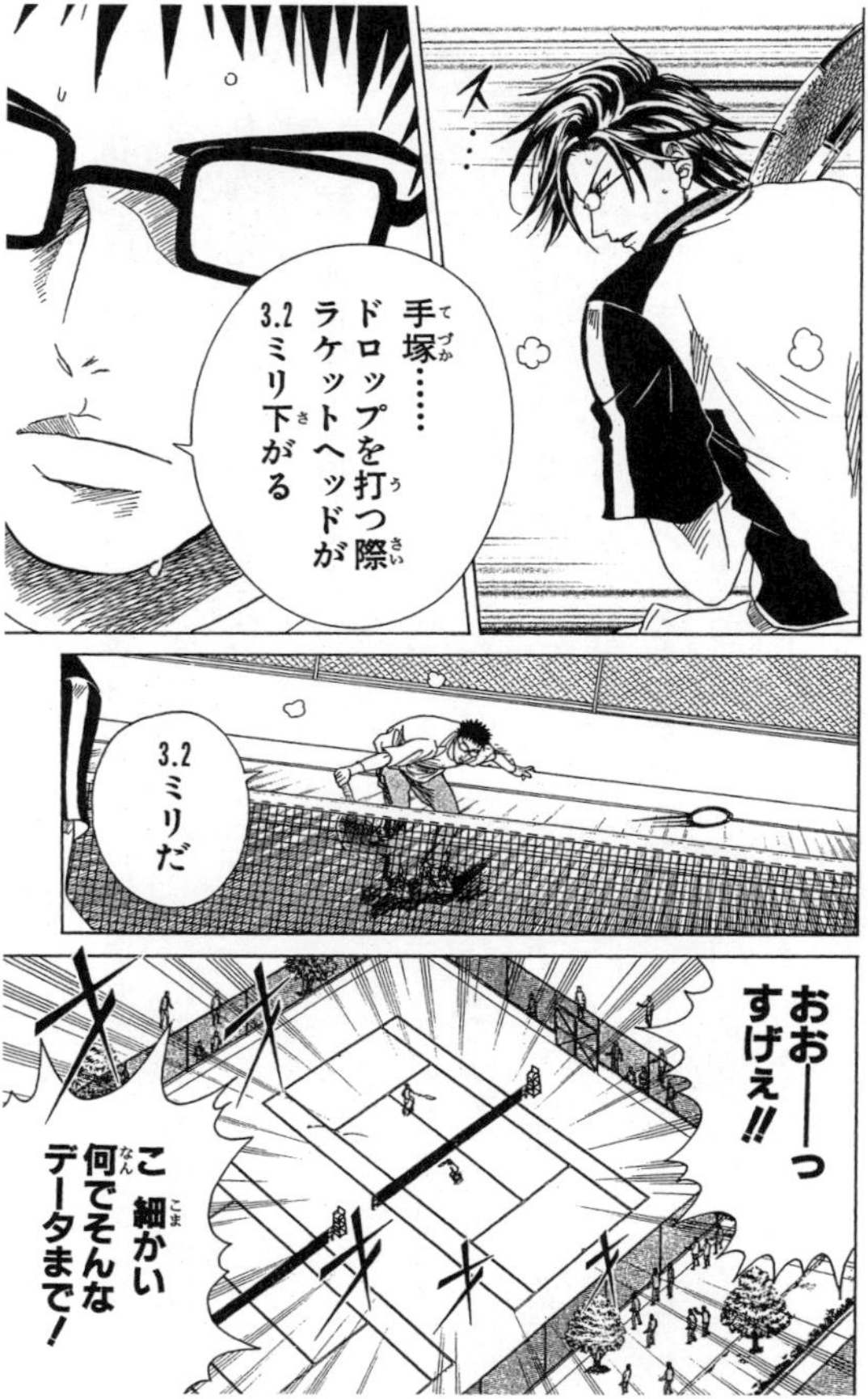

手塚部長と乾の３年生対決。乾は得意のデータを最大限に用い、
青学テニス部ナンバーワンの手塚のプレーを読み切る。
ジャンプコミックス『テニスの王子様』第13巻167ページ

れば別ですが、事前に資料を読んだだけでそのとおりにプレーすることなど、ふつうはできません。頭の中がこんがらがって、何をしていいかわからなくなるのがオチです。

ですから、たとえばコーチが選手に指示を出す場合も、試合前にあれこれといろいろなことを言うのは禁物《きんもつ》。よいコーチほど、試合前のアドバイスはシンプルなものです。本当に大切なことを一つか二つ、せいぜい三つぐらいに整理して伝えなければ、選手がそれを試合で活かすことはできません。

試合前に相手を偵察せよ

ただ、前にもお話ししたようにテニスは相手の弱点を攻める意地悪なスポーツですから、がむしゃらに「自分のテニスをしよう」というだけではダメ。相手を研究しなければ弱点は突けません。ですから、「自分のテニスをする」と「相手を知る」を両方ともバランスよく心がけることが大切です。

そもそも、まったく相手のことを知らずにコートに立ったのでは、「自分のテニス」をすることもできないでしょう。日常生活でも、初対面の相手と話をするときは態度がよそ行きになってしまい、自分らしく振る舞えないもの。テニスも同じで、いきなり見知らぬ相手とコートで向かい合うと、ヘンに緊張して自分を見失ってしまうのです。

とくにジュニア選手の場合、ちょっとしたことで気持ちがグラつくことが少なくありません。僕にも経験があるのですが、テニスを始めた当時、対戦相手が同じラケットを二本持ってコートに現れただけで、「うわっ、コイツ強そう。同じラケットを二本も持ってるよ」とひるんでしまうこともありました。ジュニアのレベルでは予備のラケットを用意している選手が少ないので、そういう相手は自分よりも本格的な練習を積んできているように見えてしまうわけです。

そんなことで試合前に動揺《どうよう》していたのでは、勝てる試合も勝てません。だから僕は大会を控えたジュニアの選手たちに、「一回戦の相手はどんな選手か、自分で偵察《ていさつ》してこい」と指導することがよくあります。青学テニス部にも他校の生徒が偵察しに来ていました（第6巻31ページ）が、入学試験の会場を下見するのと同じで、相手の顔や体つきを見ておくだけでも、人間の気持ちは落ち着くもの。それだけでも、データとして十分に意味があるといえるでしょう。もちろん、右利きか左利きかを確認するだけでも、知らないで対戦するのとは雲泥《うんでい》の差です。

さらに相手のことを調べれば、「ラケット二本も持ってるけど、ただ親がお金持ちで、格好つけてるだけらしい」といった情報も耳に入るかもしれません。それを知っていれば、相手を見てひるむどころか、逆に気持ちの上で優位に立てるわけです。

ともかく何をやるにしても、「ぶっつけ本番」で自分の力をフルに出せる人はいません。「備えあれば憂《うれ》いなし」というように、何事も準備が大切。データ集めや偵察も、欠かせない「備え」の一つです。

相手のことを知れば、試合前に自分の戦い方を頭の中でシミュレーションすることもできるでしょう。僕も世界を転戦していたころには、必ず試合の前日に、「この作戦でこう戦って、もしうまくいかなかったら次はこう攻めよう」といったことをシミュレーションして、ノートに書いていました。

今でもそれが習慣になっていて、たとえば翌日にテレビの仕事で誰かにインタビューするときなども、「この質問をして、こう答えたら次はこれを聞こう」という具合に頭の中でシナリオを描いています。

もちろん、試合もインタビューも頭で考えたシナリオどおりには進みませんが、そうやって心の準備をしていると、予想外のことが起きても落ち着いて対応できるものです。自分が苦しい状況になったときほど、事前の準備が役に立つ。対戦相手のデータも、相手のセットポイントのような、自分に不利な状況で役に立ってくれることが少なくありません。データには、自分を混乱させることもあれば救ってくれることもある諸刃《もろは》の剣《つるぎ》のような部分がありますが、それを上手に活用することが勝利につながるのです。

とにかく何事も準備をしていれば安心です。後は自分の感性が何とかしてくれるはずです。

3RD Set

テニスをするために必要な準備とは?

大きな大会に限らず、どんなレベルの試合でも、
準備は必要です。それがなければ、
試合に敗れるだけではなく、大きな怪我を
してしまうことにもなりかねません。
一流選手でもビギナーでもそれは同じことです。
そして、この準備は、日常的な
ほんの小さいことから始まります。

1. 練習は試合のように、試合は練習のように

練習は「量」より「質」

テニスは運動量の多いスポーツですから、当然、試合で勝つには体力が必要です。でも、それは最後まで動き回るためだけではありません。テニスは体だけでなく、頭も使うもの。ところが人間というのは、体が疲れてくると物事をきちんと考えられなくなってしまいます。ふだんはしっかりした判断力を持っている選手でも、疲労すると体ばかりか頭まで働かなくなる。つまり頭をフル回転させるためにも、体力が求められるわけです。

ですから練習では、「試合で使える体力」を身につけるようにしなければいけません。たとえ練習を八時間こなせる体力をつけたとしても、それが試合で活きるとはかぎらない。練習は試合のような精神的プレッシャーが少なく、ギリギリの難しい判断を求められることもないので、試合ほど疲れないからです。

動きそのものも、常に相手が難しいコースを突いてくる試合と比べて、練習は返しやすい簡単なボールが多いものです。だから、「自分は練習をたくさんしているから体力

リョーマたち青学のレギュラー組は、パワーアンクルを足首に巻いて練習を行う。
少しずつ負荷を加えて体力と技術の向上を目指すのが狙い。
ジャンプコミックス『テニスの王子様』第3巻39ページ

には自信がある」と思っている人にかぎって、試合になると意外なほど早くバテてしまったりするのです。

実際、趣味でテニスをやっているママさんたちの中には、朝から夕方まで九時間も十時間も練習している人が少なくありません。ところが、レッスン中、少しボールを散らして、そういう人たちを右に左に走らせると、二分か三分で息が上がってしまいます。プレッシャーのない状態で、何も考えずに相手が返しやすいやさしいボールをポンポンと何時間も打っているだけでは試合に必要な体力はつきませんし、テニスそのものもうまくならないのです。

したがって、練習は「量」よりも「質」が大事。練習のための練習では、いくらやっても意味がありません。練習こそ、試合のつもりで取り組まなければいけないのです。

そういう意味で、青春学園の練習は理に適《かな》ったものだといえるでしょう。

たとえば都大会を控えた時期の練習では、乾が選手たちの両足首に1キロのパワーアンクルをつけさせました（第3巻39ページ）。その状態でボールと同じ色のコーンを狙う練習をしたわけですが、体力が落ちてパワーアンクルの重さが負担に感じられるようになったとたん、菊丸《きくまる》の判断力が鈍ります。試合と同じプレッシャーを与えながら、体力と判断力の関係を選手に思い知らせるという点で、たいへん質の高い効果的な練習でした。

練習でできないことは試合でもできない

このように練習は試合と同じ気持ちで行わなければいけませんが、逆に本番の試合は、練習のつもりでリラックスしたほうが実力を発揮できることが多いものです。

ところが、これが現実には難しい。それについては、シュティフィ・グラフのコーチからこんな話を聞いたことがあります。

グラフといえば、何度もグランドスラム大会で優勝して「女王」と呼ばれた名選手。でも、そんな彼女でさえ、準決勝や決勝のようなプレッシャーのかかる試合になると、練習中に見せる実力の70パーセント程度しか発揮できないことがほとんどだったと聞きます。70パーセントでもあれだけ勝てるのだから驚きますが、そのコーチは「彼女がいつも試合で１００パーセントを出せたら、もっと勝てただろう」と言っていました。

あのグラフでさえそうなのですから、ふつうの人が練習どおりにプレーできなくなるのは当たり前だといえるでしょう。ところが、練習どおりにプレーすることすら簡単ではないのに、試合になると「練習以上の力を出さないと勝てない」と考える人がいます。とくに自分より高い実力を持っている相手と戦うときにそうなりがちなのですが、これは無理な話。練習でもできないことが、試合で急にできるはずがありません。

ですから、試合は練習の延長だと思って、ふだんどおりの実力をできるかぎり出し切ることが大切。たとえ実力で劣っていても、相手がグラフのように70パーセントしか力を出せなければ、自分が実力を80パーセント出せば対等に戦えるかもしれないのです。「120パーセント出そう」と思うと肩に力が入っていいプレーができませんが、「80パーセントでもいい」と思えば、リラックスして90パーセント、100パーセントの力を出せるのではないでしょうか。

また、試合はもちろん勝負の場ですが、それと同時に、自分自身を鍛《きた》える場でもあります。リョーマたちを見ていてもわかるように、選手には試合を重ねるごとに強くなっていく部分がある。試合そのものが、最高の「練習」になるわけです。

とくに、プレッシャーに負けないで落ち着きを保ったり、苦しい場面でも冷静さを失わないようにするといったメンタルな能力は、試合でしか鍛えられません。いくら試合のつもりで練習を積んでも、そこで感じるプレッシャーや焦《あせ》りは本当の試合とは違うからです。

試合で本物のプレッシャーと出会い、それを克服することで、その選手は大きく成長する。したがって、「練習のための練習」を長時間こなしているだけでは、強い選手は育ちません。なるべく対外試合を組んで、真剣勝負の場を数多く経験したほうが、ダラダラと何時間も練習をするより、よほど効果的なトレーニングになるのです。

2. 課題は「書く」ことで身につけよう

勝っても負けても反省する

前の章で、ミスなど試合中の経験が選手を成長させるというお話をしました。でも、そこでの経験を「次」に活かすには、ただ試合をやっただけでは足りません。試合に「練習」としての意味を持たせるためには、終わった後が大切。自分のプレーを振り返り、反省すべきところをしっかり反省することによって、その試合は価値のある経験になるのです。

『テニスの王子様』でも、菊丸英二《えいじ》と大石秀一郎《おおいししゅういちろう》の「黄金ペア」が反省会を開くシーンがありました（第９巻１７４ページ）。都大会の聖ルドルフ戦が終わった後のこと。この試合、桃城・海堂ペア、リョーマ、不二らのがんばりで団体戦は青学が勝ちましたが、ダブルス１の菊丸・大石組は粘ってタイブレークまで持ち込みながらも負けてしまったのです。

「あのショットは逆に処理すべきだし、あそこはもっと早く対処できたぞ」と試合を振り返った後、「ちくしょー!!」と大声で叫んで「反省終了!!」とすぐに気持ちを切り替えるあたり、いつも明るく前向きな菊丸らしいところだといえるでしょう。「反省」は「後悔」とは違いますから、いつまでも負けたことをグズグズと考えるべきではありません。

「負ける度にここで反省会だったな」という大石の言葉からわかるように、彼らには常に反省を忘れない習慣があるからこそ、「黄金ペア」と呼ばれるほどのコンビネーションを育てることができたのでしょう。この姿勢は、多くの人に学んでもらいたいものです。

ただ、あえて黄金ペアに注文をつけたいことがないわけではありません。それは、彼らが試合で負けたときしか反省会を開いていないことです。

負けたときは、自分に足りないものや出来の悪いところがあったのですから、反省するのは当然のこと。でも、たとえ試合に勝ったとしても、テニスに完璧《かんぺき》はありません。大差で勝った試合でも、必ず悪かったところがあるはずです。それを直さなければ、今日の相手には勝てても、次にもっと強い相手と当たったときには負けてしまうかもしれない。もっとうまくなろう、もっと強くなろうと思ったら、勝ったときも反省点を見つけて直す努力をしなければいけないのです。勝ったからといって「ああ、今日はいい試合だった」と満足しているだけでは、その試合を経験として次に活かすことはできません。

大石と菊丸のダブルス黄金ペアは、負けた後、自分たちのミスについて話し合い、次の試合に備える。２人は数多くの「反省会」を繰り返して強くなってきた。
ジャンプコミックス『テニスの王子様』第９巻174ページ

また、「反省会」という言葉を使っていますが、もう一つ大切なことは、勝っても負けても、うまくいかなかったことだけでなく、良かったこと、うまくいったことを話し合うことも大事です。「今日の自分はここが良かった」「あそこで諦めなかったのがいい」というように振り返ることが、自分の良さに気づくことになるのです。また、そのプレーが「どうして」うまくいったのか考えてみるとより効果的です。

もっとも、いつも謙虚な気持ちを忘れない黄金ペアのことですから、勝った後もそれぞれの心の中で反省会を開いているのでしょう。負けたときだけは、お互いに励まし合い、次に向けて気持ちを高めるために、あの場所に集まって話し合うのだと思います。

日記には自分の考えたことを必ず書く

さて、せっかく試合後にいろいろと反省しても、それを忘れてしまったらお話になりません。覚えておくためには、反省点を頭の中に入れておくだけでなく、紙に書いておくといいでしょう。頭で考えているとあやふやになってしまうことも、文章にすることによって整理され、自分の課題がはっきりと見えるようになるものです。

青学の大石にも、ふだんから「書く」習慣があるのでしょう。というのも、彼が怪我をして試合に出られなくなったとき、代わりに菊丸と急造コンビを組んだ桃城の腕には、「ダブルスを制する36カ条」と題した大石からのアドバイスがびっしりと書き込まれて

菊丸と急造コンビを組んだ桃城は、氷帝学園相手に苦戦するが、腕いっぱいに書き込んだ大石のアドバイスを頼りに、少しずつ試合のペースをつかんでいく。
ジャンプコミックス『テニスの王子様』第15巻61ページ

いました（第15巻61ページ）。ふだんから課題を整理して書いている人でなければ、あんなふうに36カ条をまとめることはできません。

僕も現役時代には、課題を紙に書く習慣がありました。高校二年生のころから、日記をつけていたのです。日記ですから、書くのは試合のあった日だけではありません。試合の日も練習の日も、自分が何をどう考えながらやったか、反省点は何か、どうすればそれを克服できるか、といったことを必ず書く。試合の前日には、対戦相手の特徴や自分の作戦なども書いていました。

そして、不調になって試合でなかなか思うような結果が出なくなったりしたときは、昔の日記を読み返す。すると必ず、同じような状況に追い込まれていたときのことがどこかに書いてあるものです。

頭の中だけであれこれ悩んでいると余計に混乱しますが、自分で書いた日記を第三者の立場で読むと、自分がどうやってスランプから脱出したのかがわかります。そうやって、将来の「悩める自分」のために自分で「答え」を用意しておけるのが、日記のよいところだといえるでしょう。

だから僕はジュニア選手を指導するときも、その日にやったことを日記に書いて提出させるようにしています。そのとき、「何時に起きた。朝食に何を食べた。何時から何時までは筋トレ。その後はサービスの練習」といった具合に、事実だけを書き並べたも

高校２年生のころから毎日書き続けられた著者のテニス日記。テニスの戦術・練習方法、試合の反省、テニスに対する思いなどが、細かく書きつづられている。

のは日記として認めません。それをやりながら自分が何を感じ、何を考えたのか、うまくいかなかったのは何で、それはどうすればできるようになると思うのか……逆に、うまくいったならば、それはどうしてか……そういう自分の意見や考えが書かれていなければ、後で自分のために役立つ「財産」にはならないからです。

前にもお話ししたように、テニスという孤独なスポーツで最後に頼りになるのは自分だけ。自分に合ったプレースタイルを身につけるにも、試合の苦しい場面で打開策を見つけ出すにも、しっかりした「自分」というものを育てなければなりません。

そういう意味でも、日記を書くという行為はテニスを上達させるのに有効だといえるでしょう。日々、自分自身と向かい合い、対話を重ねていくことで、**「自分らしいテニス」**ができあがっていくのです。

とにかくはじめは一言でもよいから日記をつけていきましょう。自分が悩んだとき、迷ったとき必ず役に立つはずです。

3. 怪我は自分との戦い

国際ルールを変えたコルダ戦の痙攣

現役を卒業した現在でも、僕の名前が世界のテニス界に残っていることをご存じでしょうか。とはいえ、それは連勝記録を塗り替えたとか、サービスで世界最高速度を出したとか、そんな格好いいものではありません。僕は試合中の故障によって、テニスの国際ルールを変えるきっかけを作ったことがあるのです。

あれは、1995年の全米オープンでのこと。僕とペトル・コルダとの試合は、6—7、7—6、7—6でセットカウント2—1となり、第4セットも5—6で僕のサービスゲームを迎えました。二時間四十分を越える熱戦です。このセットもタイブレークに突入かと思われた1ポイント目、僕は試合を続けることができなくなってしまいました。両脚《あし》が痙攣《けいれん》を起こしてしまったのです。

試合中に選手が怪我をした場合、テニスでは「インジャリー・タイムアウト」または「メディカル・タイムアウト」といって、ドクターやトレーナーの手当を受けることが認められています。しかし当時のルールでは、痙攣はその対象になっていませんでした。

そのため、痙攣を治してもらうためにトレーナーを呼ぶと、その時点で失格になってしまうわけです。

だから僕としては激しい痛みに耐えながら、痙攣が収まるのを待つしかありません。その状況を見ていた会場のお客さんは「なぜ、これだけ苦しんでいる選手に手助けしないんだ」と審判に対して大きなブーイングを浴びせました。しかし痛みは最後まで収まらず、時間切れで棄権《きけん》負け。

その後このシーンは、テレビのニュースで世界中に流れました。会場にいた人にとっても、テレビで見た人にとっても、このシーンは、「衝撃的」といってもいいものでした。それまでも、痙攣で棄権する選手はもちろん何人もいましたが、痙攣が耐えられない場合、その選手は諦めてロッカールームに引き上げていくだけでニュースにはなりません。

でも僕の場合、両脚だけでなく腹筋までが痙攣しはじめたため立っていられず、コートに仰向《あおむ》けに倒れてしまいました。そして、苦悶《くもん》の表情を浮かべているのに、トレーナーは指も触れられず、審判は淡々と警告を発し、試合を終了させたのです。おそらく、この光景があまりにも残酷に見えたがゆえにニュースになったのでしょう。そしてこのニュースを見た世界中の人から「痙攣を怪我と認めないのはおかしい！」という声が高まり、痙攣でもインジャリー・タイムを認めるようにルールが改正されました（その後、さらなる見直しによって、現在は痙攣でのインジャリー・タイムは認められなくなっています）。

そんなわけで、このルールは僕の名前を取って通称「シューゾー・マツオカ・ルール」と呼ばれていました。このルールが有効だった当時は、試合のテレビ中継では、選手が痙攣を起こし、インジャリー・タイムを取ってトレーナーに治療してもらっているときに、コルダ戦で僕が苦しんでいる場面のビデオ映像が流れました。そして、この試合をきっかけに痙攣の治療が認められるようになったという解説が必ず入るようになったのです。試合に負けて名前を残すというのは決して自慢できるような話ではありませんが、選手のためになるルール改正のきっかけを作れたという意味では、少しは役に立てたのだろうと思っています。

試合中の痙攣は、どんどんプレーがスピーディになるにしたがって増えてきました。ダッシュして急ブレーキをかけ、またダッシュして急ブレーキという激しいプレーを続けていると、どうしても脚の筋肉に負担がかかります。もちろん、プロの選手は日頃からトレーニングを欠かしませんし、試合や練習の前には入念にストレッチなどの準備運動をしているのですが、それでも体が途中で悲鳴を上げることがあるのです。

青学レギュラー陣の中でも抜群の身体能力を誇る桃城でさえ、山吹中との試合で、千《せん》石清純《ごくきよすみ》と対戦したときには、途中で左脚に痙攣を起こしました（第12巻35ページ）。それを見抜いた竜崎コーチは、試合をやめさせようとベンチから腰を上げます。しかし桃城は「大丈夫だよ」というように笑みを浮かべてコーチを制し、試合を続けました。そして、右脚一本でジャンプしてバックハンドを打つ「ジャックナイフ」を駆使することで難敵を打ち破ったのです。

続けるかやめるかは自分で決めるしかない

脚の痙攣にかぎらず、試合や練習の途中で体を痛めたときは、そのままプレーを続けるかやめるかという判断が難しいもの。怪我には、少し我慢してプレーを続けても悪くならないものと、無理をすると余計に悪くなり、下手をすればテニスそのものを続けられなくなってしまうものの二種類があるからです。

桃城の場合は、竜崎コーチも「疲労による一時的な筋肉のケイレンだ」と言っているとおり、程度の軽いものだったのでしょう。だからこそコーチも試合続行を認めたわけですが、怪我によっては、すぐにプレーをやめさせて治療しなければいけないものもあります。

たとえば、不動峰《ふどうみね》中との試合で不二とダブルスを組んだ河村《かわむら》がそうでした。不二をかばって石田《いしだ》の強烈な波《は》動球《どうきゅう》を返した河村は、右手首を負傷。それを見た不二は、自ら審判に棄権を申し出ました（第４巻66ページ）。骨にヒビが入っている恐れもあるので

山吹中の千石と対戦する桃城。左脚に痙攣を起こし大苦戦するが、
右脚１本で「ジャックナイフ」を決め、勝利する。
ジャンプコミックス『テニスの王子様』第12巻35ページ

すから当然です。

でも、こうした怪我の見極めは簡単ではありません。選手にとって試合を棄権するほど悔しいことはないでしょう。河村も、棄権を申し出た不二に「何言ってるんだ!! まだやれる!!」と食ってかかっていました。練習中に怪我をした場合も、部内で激しいレギュラー争いをしていれば、「休むわけにはいかない」とがんばりたくなるのは無理もありません。

そもそも自分のためにやっているのですから、テニスができないのは選手にとっていちばん辛いことでしょう。練習が苦しいからといって、ちょっとした怪我をしただけで「できません」とサボりたがるようでは、テニスは強くなりません。

僕も現役中は怪我をすることが多く、「練習を続けるか、それとも休むか」と悩むことがしばしばでした。でも、これは誰に相談しても結論の出ない問題です。お医者さんにも、本当のところはわからない。レントゲンを撮《と》って骨にヒビでも入っていれば別ですが、ほとんどの怪我は、どれぐらい深刻なのか本人にしかわかりません。僕も、ドクターに「この怪我の状態なら、三日間だけテニスをやめなさい」などと決めてもらえたらどんなに楽だろうといつも思っていましたが、最終的には自分自身で決断するしかないのです。

部活などでテニスをやっている中高生の中には、自分では「休んだほうがいい」と思っても、コーチや先輩に「サボっている」と思われるのがイヤで、無理をしてしまう人もいるでしょう。あるいは、「痛くても歯を食いしばってがんばれば、勝てるかもしれない」とプレーを続ける人もいると思います。

実を言うと、僕も中高生のころは、痛みを我慢してがんばっている自分に満足感を抱いてしまうタイプだったので、コーチに「やれ」と言われて「ノー」とは答えませんでした。

でも、無理をして怪我を悪化させれば、困るのは自分です。今休めば二週間で治るのに、何カ月も練習できない状態になってしまったり、テニスのできない体になったりしたのでは元《もと》も子もありません。コーチに「練習しなさい」と言われて「ノー」と答えるのはたいへん勇気のいることですが、本当にそれが自分のためになると思うのなら、そう答えるべきなのです。

そして、勇気を持って「ノー」と言えるようになるには、やはり「自分」をしっかり持つことが大事。自分にとって何が大切なのかを自分自身の頭で考えられる人間にならなければ、「休む」という決断はできません。また、しっかりと「自分」を持っている人が「ノー」と言えば、コーチや先輩も決してそれがサボりだとは思わないはずです。

4.「探す目」「狙う目」を持つ

「見る」と「見える」は似て非なるもの

前に、プロの一流選手でさえ、試合中に見る注意事項には「**ボールをよく見ろ**」という当たり前のことが書いてあるというお話をしました。テニスで状況判断に必要な情報は、（打球音のように「耳」から入るものもありますが）ほとんどが「目」から入ってきますから、ボールを見なければうまくいかないのは当然すぎるほど当然です。

したがって、動体視力（動いているものを目でとらえる能力）が高い人ほど有利になるのは言うまでもありません。青学レギュラー陣の中では、大石とダブルスを組む菊丸が、抜群の動体視力を持っているようです。彼のアクロバティックなプレーも、スピードのあるボールをスローモーションのように的確に見極める「目」があってこそのものでしょう。

もっとも、菊丸の動体視力のよさが裏目に出た試合もありました。聖ルドルフの赤《あか》澤《ざわ》・金田《かねだ》ペアとの一戦です。ラケットの先端で打つ赤澤の打球には無数の微妙なブレが生じているため、ふつうの人には一つにしか見えないボールが、菊丸には七つにも八つ

聖ルドルフ学園、赤澤のクセ球に苦しむ菊丸。
動体視力が抜群である菊丸には、赤澤の打つボールが何重にも見えてしまう。
ジャンプコミックス『テニスの王子様』第7巻114ページ

にも見えてしまいます（第7巻114ページ）。そのために集中力と体力を奪われた彼は、何とか試合をタイブレークまで持ち込んだものの、最後は「充電切れ」で負けてしまったわけです。

しかし、だからといって動体視力の良さがテニスにおいてマイナスになるということにはなりません。あの試合は聖ルドルフの作戦勝ちでしたが、これからも菊丸にとって「目」は大きな武器であり続けるはずです。

いずれにしろ、ボールをよく見るのは基本中の基本。しかし、プロでもそれができなくなってしまうのがテニスの難しいところです。

とはいえ、テニスを一所懸命やっている最中に、よそ見をしてボールから目を離してしまう人はあまりいません。それでも「ボールをよく見ろ」と自分に言い聞かせなければならないのはなぜでしょう。

僕にも経験がありますが、試合で苦しい状況になった選手というのは、自分の意志でボールを見ることができなくなってしまうことがあります。自分自身の「目」で見ているのではなく、なんとなく周囲から操《あやつ》られているような見方になってしまうのです。

ちょっとわかりにくい表現になってしまいましたが、要は「ボールが見えてはいるが、見てはいない」ような状態だと言えばいいでしょうか。「見える」と「見る」は、似ているようで少し違います。「見える」は受け身ですが、「見る」は自分から積極的に探しよく見ていることにはならないのです。そういう「探す目」「狙う目」を持たなければ、ボールをたり狙ったりしている状態。

ふだんの生活でも「探す目」を持とう

たとえばトラやライオンが獲物を求めているとき、ボンヤリと草原の風景が「見えて」いるだけでは、獲物が現れたときにすぐ行動を起こすことはできないでしょう。常に獲物を探し、いつでも狙えるような目で「見て」いなければ、相手に逃げられてしまいます。

テニスも同じで、初心者の人にはこの「目」がありません。ボールが「見えて」はいても「探す目」「狙う目」で見ていないので、相手の打ったボールがネットを越えて自分のコートでバウンドしてから、やっとラケットを構えるような人が多いのです。これでは対応が遅れてしまい、余裕をもって打ち返すことができません。

そこで僕がよく初心者に対して行うのは、こういう練習です。プレーヤーをベースラインに立たせて、僕はボールを持ってその後ろに回る。そこからプレーヤーの前に、ボールを投げるのです。プレーヤーのほうは、いつボールが目の前に現れるかわからないので油断できません。気持ちを集中させて、じっと前を見つめています。そのときの目が、「探す目」であり「狙う目」にほかなりません。だから僕は、プレーヤーがその

「目」になったときに、「そう、その目を忘れないで」と教えるわけです。

また、僕は初心者を相手に、「これからアガシ※になりまーす」とか「サンプラス※をやりまーす」などと宣言して、彼ら超一流プロのショットに似たボールを打つことがあります。それをネットにダッシュしてボレーしてもらうのですが、こういうときは誰もが目を輝かせてわくわくしながらボールを「見る」もの。その「目」さえ持つことができれば、アガシだろうがサンプラスだろうが、何度か打っているうちに必ずボレーで返せるようになります。

あらためて『テニスの王子様』をパラパラとめくってみれば、菊丸にかぎらず、登場人物たちがみんな輝きのある「探す目」「狙う目」を持っていることに気づくでしょう。乾だけはメガネに隠れて目が見えませんが、その奥ではギラギラした目でさまざまなデータを収集しているはず。読者のみなさんにも、この「目」を身につけてもらいたいと思います。それはテニスだけでなく、日常生活の中でも、自分にとって面白いものを見つけ出し、積極的に行動する上で役立つのではないでしょうか。

4TH Set

メンタルがすべて！

スポーツでは精神力が勝敗を分けることがしばしばあります。
もちろん、テニスも例外ではありません。ほんの一瞬集中力が切れたり、
さまざまなプレッシャーのせいで勝てる試合を落としてしまうことも少なくありません。
勝つための精神力はどうすれば養うことができるのでしょうか。

1.「諦めない」は大きな武器

ギブアップするならコートから出て行け!

スポーツは、試合が終わるまで何が起きるかわかりません。それが、プレーする人にとっても見る人にとっても大きな魅力の一つです。野球なら9回2アウトからの逆転満塁ホームラン、サッカーならロスタイムの決勝ゴール、相撲なら土俵際《どひょうぎわ》のうっちゃりなど、負けそうな試合を土壇場《どたんば》でひっくり返す場面は山ほどあります。

テニスも同じ。相手にマッチポイントを握られたからといって、そこで試合が終わったわけではありません。相手のマッチポイントを何度もしのいで、最後には逆転して勝ってしまうことがよくあります。

そういう試合は、技術や体力もさることながら、やはり選手の精神力の賜物《たまもの》だといえるでしょう。どんなに高い技術と強い体力を持っていても、途中で「もう勝てない」と諦めてしまったら、試合をひっくり返すことはできません。

テニスにはさまざまな種類の精神力が求められますが、その中でもこの「**最後まで諦めない**」という気持ちは、勝つために絶対に欠かせないもの。どんなに追い詰められても試合が終わるまでは必ずチャンスがあるのですから、コートに立っている以上は勝つために戦わなければいけません。

たしかにスコアが不利になって苦しい場面はありますが、テニスというのはちょっとしたプレーをきっかけに、試合の流れが大きく変わることがあります。しかし気持ちの上で諦めてしまったら、流れを自分のほうに引き寄せることはできないのです。

大きくリードされたり、自分の調子が悪くて思いどおりのプレーができないときなど、やる気をなくしていい加減なプレーをする人がいますが、そんなふうに途中でギブアップするぐらいなら、ラケットを片付けてコートから出て行ったほうがいいでしょう。終わってもいないのに試合を捨てるのは、勝つために一所懸命やっている相手に対しても失礼です。

『テニスの王子様』でも、氷帝《ひょうてい》学園との試合で桃城と急造コンビを組んだ菊丸が、0―4とリードされたところで「だめだ、強すぎ……」と諦めかけたことがありました。しかし、そこで彼はいつもコンビを組んでいる大石の言葉を思い出します（第15巻35ページ）。

「さあ挽回だ!!　大丈夫だよ英二。諦めるな、諦めなけりゃ必ず弱点は見えてくるんだ。チャンスはどこかにあるハズ。自分達《オレ》の力を信じよう」

菊丸はこれを「ウケウリ」でそのまま桃城に伝えることで、自分自身にも言い聞かせました。それで前向きな気持ちを取り戻した二人は、大石からのアドバイスも活かして見事に試合を6—4とひっくり返し、大逆転勝利を収めたのです。この精神は、スポーツをするすべての人々に見習ってほしいと思います。

体力温存より最後までボールを追うことが相手にプレッシャーを与える

この「諦めない」という気持ちは、プロの選手でも強い人と弱い人がいるのですが、僕が知っている中でとくにその精神が強いのは、オーストラリアのレイトン・ヒューイット※という選手です。こんなことを言うと本人に叱《しか》られるかもしれませんが、彼はプロとしてそれほどずば抜けた技術を持っているわけではありません。

でも彼は、グランドスラム大会で優勝している世界ナンバーワンの選手です。それは、彼が絶対に最後まで諦めない選手だからです。その精神こそが、ヒューイットの最大の武器だとさえ言えるでしょう。たとえば第1セットを0—5とリードされれば、ふつうは「このセットは落としてもしょうがない。次の第2セットからがんばろう」と思うものです。しかしヒューイットは諦めません。1ゲームでも2ゲームでもいいから挽回しようとチャレンジする。そして実際、逆転でそのセットをモノにしてしまうことがしばしばあるのです。

相手にしてみれば、これぐらいイヤな選手はいないでしょう。5—0とリードすれば、

氷帝ペアにウィニングショットをすべて封じられ手も足も出ない
菊丸・桃城だが、「諦めるな」という大石の言葉を思い出し、反撃を開始する。
ジャンプコミックス『テニスの王子様』第15巻35ページ

誰でも「このセットは楽に取れそうだ」と思うもの。それをさんざん粘られて5―1、5―2と詰め寄られたのでは、たとえ結果的にそのセットを取れたとしても、6―0であっさり取るよりは気持ちの上で追い込まれます。そうやって相手にプレッシャーを与えられるからこそ、「諦めない精神」は選手にとって大きな武器になるわけです。

これは、一つ一つのボールに対しても同じことが言えます。たとえば、完全に逆を突かれて強いショットを打たれたとき、「どうせ拾えない」と諦めてボールを見送ってしまったら、相手にプレッシャーを与えることはできません。

しかし、たとえ届かないとわかっていても、最後まで諦めずにボールを追ってラケットを出すと、相手はイヤな気持ちになります。「少しでもコースが甘くなると拾われるかもしれない」と思うので、次はもっと厳しいコースに速いボールを打とうとする。そうすると、ミスをする可能性が高くなるのです。

諦めずにボールを追うだけで相手に脅威を与えているわけで、これは一種の「攻撃」だといえるでしょう。ボールに触らなくても、攻めることはできるということです。

ですからプロの試合を見ていても、強い選手ほど無理なボールを懸命に追っているもの。「どうせ取れないんだから、深追いしないで体力を温存したほうがいいんじゃないか」と思う人もいるでしょうが、そういうものではありません。届かないボールを追いかけるのも、テニスにおける駆け引きの一部なのです。

もちろん、よほど体力を消耗していたり、脚が痙攣を起こしそうなときなどは、作戦として無理をせず体力温存を図ることもあるでしょう。「諦めない精神」を忘れない大石・菊丸ペアも、聖ルドルフ戦では、疲労した菊丸の回復を待つためにあえて2ゲームを捨てたことがありました。

でも、これが許されるのは特別な場合だけ。テニスは一つ一つのプレーの積み重ねですから、常に目の前のポイントを諦めずに取りに行く精神が、最終的には勝利を生むのです。

何事においても、もうだめだと思ったとき、そのときこそ自分に言い聞かせましょう。**「ネバー・ギブアップ」**と。自分の中に潜む強さに気づくことができるはずです。

2. 集中力を高める「儀式」とは

「壁」は世界最強の相手

最近は、「壁打ち」をする子どもが少なくなりました。部屋の中でゲームばかりして、外で遊ぶことが減ったせいかもしれません。また、壁打ちをしたくても、街中にそういう場所がないという人もいるでしょう。

いずれにしても、そういう風景が見られなくなったことが、僕には寂しく感じられます。僕自身が、子どものころから壁打ちで育ってきたような部分があるからです。

広いコートでパートナーを相手にボールを打つだけがテニスの練習ではありません。子どものころ、僕は毎日のように近所の壁を相手にボールを打っていましたが、これは大いに役立ったと思っています。

まず何よりも、壁は人間の練習相手と違って、絶対にミスをしません。こっちがおかしな方向に打っても、必ず返してくる。まさに「世界最強の相手」です。

そういう相手と一心不乱にラリーを続けていると、だんだん雑念が振り払われて、その世界に入り込んでいくものです。外から見ればただの壁打ちですが、本人の頭の中は実際にテニスをプレーしているような状態になります。僕の場合は、自分でラインを決めて壁と試合をしていました。「今は第1セットの10ゲーム目、4―5で負けているから絶対に落とせないぞ」などと頭の中で想像しながら、真剣にボールを打つのです。

そうやってイメージを広げながら、自分の頭で試合のことを考えられるようになるのが、壁打ちのメリットの一つでしょう。実際の試合でも、そういう想像力が必要だからです。試合の流れや自分の打つべきボールのコースなどをイメージし、現実のプレーをそのイメージに近づけようと努めることが、勝利に結びつく。テレビゲームでも想像力は刺激されるかもしれませんが、やはりイメージに合わせて自分の体を動かさなければ、それを実現することはできません。最近は、何でもゲームの中で体験することができるので、ゲームができれば実際にもできると勘違《かんちが》いしている子どもが多いようですが、頭でイメージしたとおりに体を動かすのは至難《しなん》の業《わざ》。ふだんから「体全体でイメージする」ことを心がけていなければいけないのです。

また、壁打ちは、試合で必要な集中力を養う上で大いに役立つ練習なのです。なにしろ相手はミスをしないので、こちらは余計なことを考えている暇《ひま》がありません。だから僕は、東京体育館で試合があるときは、必ずその前に体育館の裏にある駐車場で壁打ちをしてから会場に乗り込んでいました。そこには「壁打ちの聖地」とも呼ばれる日本一有名な壁がそびえ立っています。その壁に向き合うことで、精神統一ができる上に、適度に体をほぐすことにもなるので、最高のウォーミングアップができるのです。

そういえばリョーマも、聖ルドルフの不二裕太と試合をする前に、壁打ちをして精神統一を図っていました（第8巻152ページ）。ボールを打ちながら「青学の柱になれ」という手塚の言葉を思い出し、重要な一戦に向けてやる気を高めていたのです。そして、気合いが十分に高まったところで壁打ちをやめ、「全員かかって来やがれ」とつぶやきました。自分が相手を倒すイメージが湧《わ》き、自信を持って試合に臨《のぞ》めたにちがいありません。

「集中、集中」と口にしても集中していることにはならない

ただ、いくら試合前に集中力を高め、しっかりしたイメージを持っていても、現実の試合が自分のイメージどおりに進むとはかぎりません。予想外のことが起きれば、集中力が乱れて動きが悪くなることもあります。そういうときは、どうやって集中力を取り戻せばいいのでしょうか。

これについては、バスケットボールの神様とも呼ばれるマイケル・ジョーダンが興味深いことを言っています。彼によれば、「集中しろ」という言葉はかえって集中を乱すことがあるとのこと。これは僕も、なるほどと思います。たとえばジュニアの選手でも、試合中に「集中、集中」と声に出して自分に言い聞かせている人がいますが、それを見

壁打ちで精神統一を図るリョーマ。聖ルドルフの不二裕太との大一番を前にして、
1球1球魂を込め打ち返し、少しずつ集中力を高めていく。
ジャンプコミックス『テニスの王子様』第8巻152ページ

ているのではなく、「集中」という言葉を口にすることに集中しているように思えることが少なくありません。

つまり、本当に「集中した状態」がどんなものかもわからずに、ただ口先だけで「集中、集中」と呪文《じゅもん》のように唱えていても集中したことにはならない、ということです。実際、本当に気持ちを一つにしてテニスに集中していたら、声に出して「集中、集中」などと言うことはできないでしょう。

むしろ、試合中に集中力を落とさないためには、あえて集中しないリラックスした時間を作ることが大切です。人間の集中力には限界がありますから、最初から最後まで集中し続けることは一流のプロでもできません。

好都合なことに、テニスの試合には集中する必要のない時間というのがあります。たとえば一つのポイントが終わって次のサービスをするためにベースラインまで戻るときです。プレーをしていないのですから、そこではリラックスしてかまわないでしょう。そのときだけはいったん集中をやめる。そしてベースラインに戻って次のサービスを打つまでの短い時間に、徐々に集中力を高めるのです。

その際、プロ選手の多くは、集中力を高めるための自分なりの「儀式」のようなものを持っています。たとえばプロの試合で、1ポイント終わるたびに自分のラケットを見つめて指先でガットをいじりながらベースラインに戻る選手を見たことがないでしょうか。あれは、その選手にとっての「儀式」です。そうやって一点を見つめることで、集中力を高めようとしている。サービスの前に何度もボールを地面の上にポンポンとつくのも同じです。たいがい選手によって回数が決まっていて、それをやると集中力のスイッチが入るよう、ふだんから自分に習慣づけているわけです。

僕にも、そういう「儀式」がいくつかありました。たとえば、練習中はバンダナを頭に巻かない。試合が始まる直前に、「よし」と気合いを入れて頭に巻く。試合中も、チェンジコートでベンチに座ったときは必ず外し、審判が「タイム」と試合再開を告げてからあらためて巻き直すようにしていました。いちいち「集中、集中」と口で言うよりも、そういう自分だけのパターンを作って、自動的に集中力のスイッチが入るようにしておいたほうが、精神的なメリハリをつけやすいのです。

考えても変わらないことは考えない

また、集中力を切らさないためには、相手の挑発に乗らないよう心がけることも必要でしょう。心理的な駆け引きもテニスの一部ですから、相手は自分の調子が上がらないときなどに、こちらの集中を乱すような作戦に出ることがあります。

『テニスの王子様』でも、聖ルドルフの観月が、ダブルスの試合中にタイムをかけてコート整備を始め、桃城と海堂の士気に水を差そうとしたシーンがありました（第8巻71

ページ)。現実のテニスでも、こんなことは日常茶飯事《さはんじ》です。ほどけてもいない靴のヒモを結び直したり、怒ったふりをしてラケットを投げてみたり、タイムをかけてトイレに行ったりなど、相手のリズムを狂わせるのがうまい選手は少なくありません。

何年か前の全米オープンでも、こんなシーンがありました。優勝候補の一番手だったアンドレ・アガシが、チェコの選手と対戦したときのこと。途中で、チェコの選手が何度もサービスのトスをやり直すようになりました。

ルール上、サービスのトスは何度やり直してもかまわないのですが、あれはレシーバーにとって非常にイヤなもの。サービスが来ると思って身構えているのに、トスが地面に落ちてやり直しになると、どうしても気が抜けてしまうのです。

あのとき、チェコの選手は決してわざと遅延《ちえん》行為をしていたわけではありません。彼は、トスをやり直すのが癖のようになっており、本当にタイミングが合わなくて苦労していたのです。観客もそのことをわかっているので仕方がないと思って我慢しています。それでもアメリカ人であるアガシに勝ってほしいと思っている人が多かったので、チェコの選手に対して時々ブーイングを浴びせていました。

しかし、アガシは少しずついら立ちはじめました。そして、自分がサービスを打つ番になるとチェコの選手の真似をしてわざと、サービス・トスを上げて打たないという挑発行為に出たのです。すると客席からは、アガシに対して猛烈なブーイングが巻き起こ

聖ルドルフのマネージャー観月は、気迫あふれるプレーを見せる桃城・海堂ペアの
リズムを崩そうとタイムをかけ試合を止め、コートの整備を始める。
ジャンプコミックス『テニスの王子様』第8巻71ページ

りました。彼の意地悪な行為に怒りを覚えたからです。これがアガシのいら立ちを増してしまったようで、ペースを乱した彼は、格下の相手に負けてしまったのです。

仮に相手がわざとトスを失敗して挑発したのだとしても、ルール違反をしたわけではない以上、それを責めることはできません。わざとトスを失敗するような作戦を取れば自分もリズムを崩してしまう恐れもあるのですから、向こうも必死でやっているわけです。アガシとしては、自滅してしまった自分を責めるしかないでしょうし、実際彼もこのときのことを振り返って反省しています。

こういうように集中力を切らさないで自分のペースを守るためには、「**考えても変わらないことは考えない**」という姿勢が大切です。相手がルールの範囲内でやっていることに対しては、いくら文句を言っても始まりません。「なんでトスを何度もやり直すんだ」とか「どうしてこんなときに靴のヒモを結ぶんだ」などと心の中で考えても、相手の行為を止めることはできないのです。考えて変わることなら考える意味がありますが、考えても変わらないことを考えるのは単なる無駄でしかありません。

相手の挑発以外にも、「考えても変わらないこと」はいくつもあります。たとえば、その日の天候。調子が悪くなってくると、「なんで今日はこんなに風が強いんだ」と天気に八《や》つ当たりしたくなるものですが、そんなことで集中力を失ったら、ますます調子が落ちていくでしょう。自分の体調が悪いときも同じ。「こんな大事な試合のときに、どうしてオレは足を痛めてしまったんだ」と考えても意味がありません。いくら考えても風は弱まらないし、足の痛みも消えないのですから、そんなことは気にしないで、自分の考えるべきことを考えなければいけないのです。

まずは考えてみましょう。考えて変えられることか、考えても変えられないことかを。後は、行動のみ！

3.「キレる」という言葉をやめよう

強すぎるプライドが自滅を招いたヒンギス

前項で紹介したアガシもそうでしたが、テニスでは、どんなに実力のある強い選手でも、精神面の揺らぎによって自ら崩れていくケースが少なくありません。デビュー当時から「天才少女」と言われ、憎らしいほどの強さを誇ったマルチナ・ヒンギス※にも、そういう試合がありました。シュティフィ・グラフと戦った、１９９９年の全仏オープン決勝です。

しばらくグランドスラム大会で勝てなかったグラフにとっては、久々の決勝進出。そのためこの試合は、「新旧女王対決」として大いに注目されました。こういう場合、観客はどうしても、久しぶりにがんばって決勝まで上がってきたベテランのほうを応援したくなるものです。このときも、ローラン・ギャロス（全仏オープンの会場）の観客たちは、ヒンギスよりグラフに大きな声援を送っていました。

しかし試合は第1セットを取ったヒンギスが、第2セットも途中までリード。そのままの流れなら、ヒンギスが問題なく勝っていたことでしょう。

ところが一つの判定をきっかけに、がらりと流れが変わります。自分のショットをアウトと判定されたヒンギスが、審判に猛然と抗議をしたのです。相手のコートまで行って「ここに落ちたじゃない！」とアピールしたほどの激しい怒りようでした。

たしかにきわどいショットではありましたが、それまでの流れを考えれば、そんなに怒るほど大事なポイントではありません。明らかにグラフよりも調子がよく、だからこそリードしていたのですから、気持ちを切り替えて続ければまったく問題なかったはずです。

にもかかわらずヒンギスがあそこまで強く抗議したのは、おそらく、相手のグラフばかり応援する観客にイライラしていたからでしょう。

負けず嫌いでプライドの高いヒンギスにとって、勝っているのに応援してもらえない状況は耐えられないものだったはず。これは僕の勝手な想像にすぎませんが、「みんなはグラフを応援してるけど、世界一強いのは私なのよ！」という気持ちが、あの必要以上に激しい抗議に表れてしまったのだと思います。

結局、その抗議でますます観客を敵に回したヒンギスは、完全にペースを乱して逆転負けを喫してしまいました。

場内には激しいブーイングも起きていましたし、当時まだ十八歳の若さだったヒンギスにとって、それは大きなショックだったことでしょう。試合の後は、コーチであるお母さんに付き添われて出てくるまで、表彰式にもなかなか姿を現さなかったほどです。

スポーツ選手にとって、負けず嫌いで気が強いことは決して悪いことではありません。『テニスの王子様』に出てくる選手たちも、ほぼ全員が負けず嫌いだといっていいでしょう。「勝ちたい、誰にも負けたくない」と思っているから、彼らの試合はいつもスリリングで激しいものになるのです。

ただ、負けず嫌いな人というのは、「闘志」が「怒り」に変わりやすいことも事実。この二つは、似ているようで実はまったく別のものです。それが闘志だと勘違いして、ちょっとうまくいかないと怒りまくっている選手もいますが、それは精神面の乱れ以外の何物でもありません。相手を倒そうと向かっていく「闘志」は勝利に欠かせないものですが、それが「怒り」になってしまうと、ヒンギスのように自滅の原因になるわけです。

挑発するのは相手が自分を怖がっている証拠

だからこそ、たとえば聖ルドルフの観月も、偵察中にリョーマから「まだまだだね」と言われたときに、「そーいう負けず嫌いの性格は……試合をいじられ易いよ」と心の中でほくそ笑《え》んでいたのでしょう（第6巻178ページ）。

もっともリョーマの場合は、相手に挑発されたぐらいで「闘志」が「怒り」に変わる

リョーマ得意のセリフ「まだまだだね」。相手にとっては生意気なセリフにも聞こえるが、リョーマは決して自己満足におちいることはない。
ジャンプコミックス『テニスの王子様』第6巻178ページ

ようなタイプではありません。たとえば高校生の佐々部との試合で、相手がわざとラケットを顔面めがけて飛ばしてきたときも、「グリップの握りが甘い……まだまだね」と冷静に挑発し返すぐらい落ち着いていました（第1巻46ページ）。この精神面のしたたかさが、彼の武器の一つになっていることは言うまでもありません。

たぶんリョーマは、相手が自分を怒らせようと挑発すればするほど、かえって気持ちの上で優位に立てるのだと思います。というのも、わざわざ挑発などの心理戦をしかけてくるということは、相手が自分を怖がっている証拠だからです。

実際、「ふつうにやれば勝てる」と思っていたら、誰も挑発などしないでしょう。「そうでもしないと勝てそうもない」とこちらの実力を認めているからこそ、心理面で揺《ゆ》さぶろうとするわけです。

僕も現役時代、気持ちにゆとりのあるときは、相手の挑発をそうやって受け流すことができました。今でもよく覚えているのは、1988年、あのジョン・マッケンローと試合をしたときのこと。その日、僕は調子がとてもよく彼を苦しめていました。マッケンローといえば僕にとって憧《あこが》れの名選手ですが、その彼がコートチェンジですれ違うとき、どう考えても格下の僕にわざと肩をぶつけて威嚇《いかく》してきたのです。けれども僕はそれを怖いとは感じず、「**世界一の選手が自分を怖がってくれた。敵として認めてくれたんだ**」と、うれしくさえ思いました。結局試合は、負けてしまいましたが（6―7、

高校生の佐々部と勝負するリョーマ。ラケットを投げつけられ、
顔面に傷を負うが、得意のツイストサーブで簡単に打ち負かす。
ジャンプコミックス『テニスの王子様』第1巻46ページ

6—7)、テニスプレーヤーとして、自分が少し成長したように感じたものです。
ところで、試合中に「怒り」の感情が芽生えるのは、相手に挑発されたときだけではありません。自分自身のふがいないプレーが腹立たしくなることもあります。それも、多くはすでに終わってしまったプレーに対するもの。「あのときブレーク・ポイントでミスしなければ、今ごろ自分がリードしていたのに」と、「過去」に怒りを向けてしまうのです。

前項で「考えても変わらないことは考えない」というお話をしましたが、これも同じことだといえるでしょう。終わったプレーのことは、いくら考えても変わりません。考えて変えられるのは、今目の前のプレーだけ。そこに気持ちを集中していれば、そんな「怒り」の感情は湧いてこないはずです。

「途中でキレた」は自分への言い訳にすぎない

いずれにしろ、試合中に怒っても何もいいことはありません。ところが最近は、そういう感情のコントロールが苦手な子どもたちが多くなりました。いったん心の中に怒りが生じると、抑《おさ》えがきかなくなって自分を見失ってしまうのです。
怒りが抑えられなくなること自体は誰にでもあることですが、いちばんいけないのは、それを「**キレた**」という言葉で表現することでしょう。今の子どもには、これがたいへん目につきます。たとえば第2セットの途中で急に調子を崩して負けた子どもに、「どうしたんだ?」と聞くと、「途中でキレちゃって」と答える。僕は、こういう答え方が大嫌いです。「キレたから負けた」では、何の説明にもなっていません。

マスコミの影響で、今は大人でも当たり前のように「キレる」という言葉を使いますが、これは意味が広がりすぎていないでしょうか。もともとは「堪忍袋《かんにんぶくろ》の緒《お》がキレる」「集中力がキレる」といったニュアンスだったのだと思いますが、今の子どもたちが使っている「キレる」を聞いていると、それがどういう状態か自分でもよくわかっていないような気がします。

たぶん、マスコミや大人が子どもの心理を説明するときに安易に「キレる」という言葉を使うので、これ幸《さいわ》いとばかりに便利に使っているのでしょう。自分でもうまく説明できない行動を取ってしまったときに、なんとなく「キレた」という言葉でそれを表現すればわかってもらえると思っているわけです。

だとしたら、「キレたから負けた」と答える子どもは、自分がどうして負けたのかよくわかっていないことになります。そんなことで試合の反省を終えたのでは、何も次につながりません。

また、子どもたちが「オレ、キレちゃって」と口にするとき、そこには「だから自分が悪かったんじゃない」という意味が含まれているように感じられるのも気になります。

何だかよくわからないけれど、「キレる」という心の病気のようなものがあって、自分はなぜかその状態になってしまった。ちゃんとやろうとしたのにできなかったのは、そのせいだ……と言い訳にしているのです。

これでは、自分が起こした結果を自分で引き受けることになりません。負けてしまった自分の力不足を直視しないで、「キレる」という言葉で責任逃れをしているだけです。そんな言い訳をしているようでは、いつまでたってもメンタルは強くならないでしょう。

だから僕は、自分が指導している子どもたちには、絶対に「キレる」という言葉を使わないよう厳しく言っています。できればマスコミ関係者の人々にも、安易に「キレる」という言葉を使わないようお願いしたい。それが子どもたちに「逃げ道」を与えていることを、多くの大人に気づいてほしいと思っています。

4. コートの上では俳優になれ

「死んだフリ」で敵のペースを崩したサンプラス

前にもお話ししたとおり、テニスは意地悪なスポーツです。勝つためには、ずる賢く相手をだまさなければいけないこともあります。

たとえば関東大会の一回戦で激突した青学と氷帝の一戦では、乾とダブルスを組んだ海堂が「俺はもう好き勝手に動かせてもらう」と吐き捨て、一人でがむしゃらにプレーしはじめる場面がありました（第15巻151ページ）。あれを見て、二人が仲間割れを起こしたのだと心配した読者も多いでしょう。

氷帝ペアも、そう思いました。そして5—0とリードしたときには、左右に走り回って疲れ果てた海堂の姿を見て、「残念だったな乾。海堂はもう終わりだ！」と勝ち誇ったようなセリフを吐いています（第15巻159ページ）。

ところが、これは青学ペアが相手をだますために仕組んだ作戦でした。乾は、わざと仲間割れをしたフリをして海堂を一人で走り回らせ、そのあいだにじっくりと相手を観察し、データを取っていたのです。

相手をずる賢くだますためには、こういう「お芝居」も時には必要でしょう。2002年の全米オープン決勝でも、そういうシーンがありました。

決勝に残ったのは、ともにベテランのピート・サンプラスとアンドレ・アガシ。これまでに何度も対戦して、お互いに手の内を知り尽くした者同士の一戦です。

最初の2セットはサンプラスが圧倒。しかし第3セットはサンプラスのイージーミスがきっかけで流れが変わり、アガシが取りました。そして第4セット。サンプラスは、それまでの好調さがウソのように動きが悪くなりました。スタミナが切れたのか、いかにも苦しそうです。ボールを追うどころか、コートに立っているだけでも精一杯のように僕には見えました。一方のアガシは元気いっぱい。チェンジコートも走りながら行うほどでしたから、僕だけでなく、誰もが試合の流れが完全にアガシに傾《かたむ》いたと感じたことでしょう。

しかし、それはサンプラスの芝居でした。「もう俺はダメだ、動けないんだ」というフリをしてアガシの油断を誘い、相手がつかみかけたペースを崩そうとしたのです。実はこの手口は、僕自身が何度もサンプラスにやられていたものでした。試合の序盤は、さほど難しくないボールも拾わないくせに、こちらが「これは行ける」と勝ちを意識したところで、いきなりスーパーショットを返してくる。いったん「行ける」と思った分、そこでこちらが受ける精神的なダメージも大きいのです。

乾・海堂ペアは、試合中、仲間割れしてしまう。
周囲の者は驚き心配するが、実は氷帝ペアのデータを取るための乾の作戦だった。
ジャンプコミックス『テニスの王子様』第15巻151ページ

それを肌で知っている僕でさえ見ていてだまされたのですから、サンプラスの芝居は実に見事なものだったといえるでしょう。アガシも完全にその罠《わな》にはまっていました。第4セットは6―4で、サンプラスの優勝。弱気なところを見せれば、逆につけ込まれて自分がペースを乱す可能性もあったのですから、この大事な一戦で大芝居を成功させたサンプラスは、まさに「テニスの達人」だと思います。

「疲れた」と言うと余計に疲れが増す

このように、テニス選手はコートの上で「俳優」になれなければいけません。とはいえ、サンプラスのような芝居で相手をだますのは非常に高度なテクニックですから、誰でも真似できるものではありません。

でも、誰でも今日からできるお芝居もあります。それは、相手ではなく「自分」をだますこと。なぜ試合中に自分をだまさなければいけないかというと、それが崩れかけた精神面を立て直すことになるからです。

ふだんの生活でも、体調が悪かったり疲れたりしていて、物事がうまくいかないことが誰にでもあるでしょう。そんなとき、その調子の悪さを言葉や態度に出すと、ますます調子が悪くなっていくものです。疲れたときに「あー、疲れた」と口に出して、その疲れが取れることはありません。かえって疲れが倍増することのほうが多いのです。

逆に、「**今日は疲れてるなぁ。でも、大丈夫**」と自分を励ますような言葉を口にすると、気持ちが前向きになってがんばれる。つまり自分をだましているわけで、これも一種のお芝居だといえるでしょう。たとえウソでも、言葉や態度をプラスの方向にもっていくと、やっていることもどんどん良い方向に変わっていくのです。

テニスでも、たとえばミスでポイントを落としたときにガックリと肩を落としてため息などついていると、プレーの質はますます落ちるばかり。前に「ミスをしたらガッツポーズをしろ」というお話をしましたが、これはミスを学習のチャンスとして前向きに考えるだけでなく、気持ちを落ち込ませないようにする「だましのテクニック」でもあるのです。

そういう「自分をだます演技」の中でも、とくに効果的なのは「笑い」でしょう。追い込まれて苦しいとき、スタミナが切れて辛いときこそ、無理にでも微笑《ほほえ》む。それをやると、不思議なぐらい気持ちも体力も復活するものです。

僕がそれを知ったのは、「伝染性単核球症」という熱が下がらない病気にかかって苦しんでいたときでした。それでも練習をしていたのですが、なにしろ常に熱が三十七度以上あるので、ふだんの三倍ぐらい疲れます。そこで僕は、コーチが左右に散らすボールを追う「振り回し」という練習をしているときに、ひたすら笑ってみました。フラフラと走りながらヘラヘラと笑っていたのですから、周りから見たらかなり不気味だったかもしれません。でも、そうすると疲れを感じない。笑いの力とはすごいものだと実感しました。

自分をだますだけでなく、ダブルスの場合は、苦しいときの笑いがパートナーをリラックスさせることもあります。前にも言いましたが、プロの試合でもダブルスは笑顔が実に多い。もちろん二人で戦うのは楽しいので自然に笑みがこぼれる面もありますが、彼らはそれがお互いの気を楽にしてプレーの質を上げることを知っているのです。

『テニスの王子様』でも、一つの「笑い」がきっかけで試合の流れが変わったシーンがありました。菊丸・桃城の急造ペアが氷帝に挑んだときのことです。菊丸が桃城に「諦めるな」と言ったシーンは前にも紹介しましたが、そのあと菊丸は「なーんて全部大石のウケウリだけどねん」とおどけてみせ、桃城の笑いを誘いました（第15巻41ページ）。大石の代役という重荷を背負っていた桃城は、これでずいぶんリラックスできたのではないでしょうか。

苦しいときは、笑ったり、笑わせてみるというのも一つの作戦かもしれません。周りからおかしいと思われても大丈夫。気持ちがいいものです。

緊張の連続の中でも笑顔を忘れない菊丸。パートナーの桃城もつられて笑うが、
この後、２人のコンビネーションは格段に良くなる。
ジャンプコミックス『テニスの王子様』第 15 巻 41 ページ

5. プレッシャーとどうつき合うか

プレッシャーを消そうとしてはいけない

テニスにかぎらず、スポーツでは「練習ではできることが試合になるとできない」ということが誰にでもあります。たとえば野球の世界には「ブルペンエース」という言葉がありますが、これはブルペン(投球練習場)では誰も打てないようなすばらしいボールを投げるのに、試合で登板すると簡単に打ち込まれてしまうピッチャーのことです。

なぜ、こういうことが起こるのでしょうか。それは、練習と試合では選手を取り巻く雰囲気がまったく違うからです。勝敗に関係ない練習では誰でもリラックスして伸び伸びとプレーできますが、試合では「勝たなければ」という気持ちになるので、おかしなところに力が入って体が思うように動かなくなる。目に見えない精神的な「プレッシャー」によって、ふだんの実力を発揮できなくなってしまうのです。

スポーツだけではありません。たとえば学校でも、数人の仲間とお喋りしているときは平気なのに、教室の前に出てクラス全員を相手に何か話そうとすると、緊張して思っていることの半分も言えなくなってしまうことがあるでしょう。目に見えないプレッシャーを感じて、頭の中が真っ白になってしまうのです。

ならば、このプレッシャーさえなければ伸び伸びと実力を出せると思うでしょうが、残念ながらそれを消すことはできません。

というのも、まずプレッシャーが生じるのは、「自分を少しでもよく見せたい。格好悪いところを見られたくない」と思うからです。そんなふうに思わなければプレッシャーは感じないわけですが、では、たとえばウィンブルドンの決勝戦に出た選手が「勝っても負けてもどうでもいいや」とか「実力が出せなくてもかまわないよ」などと思えるものでしょうか。

そんなことは絶対にあり得ません。百歩譲って仮にそう思えたとしても、そんな気持ちでは良いプレーができるはずがない。「自分にできることを出し尽くしたい」「この相手に勝ちたい」と強く思うからこそ、人の胸を打つようなすばらしいプレーもできるのです。

でも、「勝ちたい」と思えば必ずプレッシャーはついてくる。だからプレッシャーを消すことはできません。いや、消そうとしてはいけないといったほうがいいでしょう。プレッシャーのないところに、好プレーは生まれないからです。

ですから試合では、プレッシャーをなくすことではなく、そのプレッシャーが自分にとってプラスになるようにもっていくことが大切。そのためには、緊張している自分、プレッシャーを感じている自分を否定せず前向きに受け止め、仲良くしていくことです。プレッシャーを感じるのが当たり前、むしろそれがあるからこそ自分はがんばれるんだと考える。それだけでも、ずいぶん肩の力が抜けるのではないでしょうか。

もちろん、前に「練習は試合のように」とお話ししたとおり、ふだんからプレッシャーとうまくつき合う練習をしておくことも必要でしょう。そういう意味で、青春学園のメンバーたちは、プレッシャーと仲良くすることの大切さをよく知っているように見えます。

彼らはふだんの練習でも、「負けられない」というプレッシャーを自分たちにかけることを忘れません。良い例が、「乾特製野菜汁」の一気飲みです。

これが初めて登場したのは、都大会の前に行われた「ゾーン練習」のときでした。レギュラー陣をプレースタイル別に半面組と全面組に分けて行う五球勝負のラリー対決。負けたほうが野菜汁を飲まなければなりません。だから本気にならなければいけない。河村に負けた海堂がそれを飲んで走り去る姿を見た大石と桃城の表情には、明らかに本番並みのプレッシャーがかかっていました（第6巻79ページ）。

僕も子どもたちを指導するとき、「これをミスしたら荷物をまとめて合宿から帰れ」などと強烈なプレッシャーを与えることがよくあります。厳しすぎると思う人もいるかもしれませんが、テニスとはそういうもの。そのプレッシャーに負けているようでは、

ゲーム形式の「ゾーン練習」からの１コマ。河村に押し切られ
負けてしまった海堂の前には、「特製野菜汁」を手にした乾が仁王立ち。
ジャンプコミックス『テニスの王子様』第６巻 78 ページ

強い選手は育ちません。しかし、ただ単に「プレッシャーに負けるな」と言うだけでは、選手は変わりません。そのプレッシャーの克服法をしっかり教えた上で、選手にもう一度トライしてもらうということがいちばん大切です。それに、プレッシャーとのつき合い方を身につけるのは、早ければ早いほどいいということも付け加えておきましょう。

メンタルに「強い」「弱い」はない

また、プレッシャーに負けて力を出せない選手というのは、最初から「自分はメンタルが弱い」と思い込んでいることが少なくありません。親やコーチが子どものころから「おまえはメンタルが弱い」と吹き込んでいたために、自分でもそう思っている人も多いようです。

でも、その人のメンタルが強いか弱いか、いったい誰がどうやって決めるのでしょう。たとえば握力や背筋力なら、数字で計ることができますから、強いか弱いかは誰でもわかります。しかし、精神力の強さを計るモノサシはありません。

テレビや新聞でも、解説者などが「この選手はメンタルが弱い」などと当たり前のように言いますが、よく考えてみると、何を根拠に言っているのか疑問です。目に見えない精神力を、簡単に「強い」「弱い」と決めつけるのは、ちょっとおかしいのではないでしょうか。

僕自身は、人間の精神力に「強い」も「弱い」もないと思っています。最初からメンタルが強い人もいなければ、弱い人もいない。それでもメンタル面の能力に差があるように見えるのは、プレッシャーとのつき合い方を知っている人と知らない人がいるからです。

だから、自分で「メンタルが弱い」と思い込んでいる人でも、プレッシャーとつき合う方法さえ知れば、それに負けることはなくなります。

そのために必要なのは、まず、自分自身を第三者の目で見る習慣をつけることです。プレッシャーに負けそうになっているとき、人間というのは自分が何をすべきなのかがわからなくなっているものです。緊張して、冷静な判断ができなくなっている。でも、そんなときに「もう一人の自分」を持って、苦しんでいる自分を外から眺めることができれば、次に何をすべきかがはっきりと見えてくるにちがいありません。

もっとも、これはプロでも難しいこと。現役を卒業後、僕はテレビで試合の解説をする機会が多くなりましたが、他人のプレーを第三者として見ていると、いつも「こういう見方ができたら、現役時代にもっと勝てたのになぁ」と思います。解説をしているときは、「この選手はこうすれば有利になる」とすぐにわかるのですが、自分がプレーしていたときは、それとまったく同じことを試合中に気づくことができませんでした。

でも振り返ってみると、プレッシャーに負けずに良いプレーをしていたときというのは、やはり自分のことを第三者の目で見ることができていたような気がします。そういうときは、自分の心理状態がよく見える。たとえば思い切ったショットを打つのを怖がっているときは、「自分は今怖がっているな」と「もう一人の自分」が冷静に見ているのです。

それさえわかれば、解決策は見つかるでしょう。前にお話ししたような、「自分をだます演技」をすることもできます。

たとえば怖がっているなら、「怖くない」と言葉に出してみるだけで、ずいぶん気持ちは落ち着くもの。こうして、不安を感じているなら「大丈夫、心配ない」、疲れているなら「オレは元気だ」といった具合に、揺れ動く自分自身をしっかりした位置に戻す。これを専門用語で「センタリング」といいます。

悪い方向に傾いた自分の心を、いつも真ん中にいるようにコントロールする。常に自分を第三者として観察して置かれた状況を知り、それを自分で修正できる人こそ、本当に強い選手なのだと思います。

プレッシャーに弱い人間なんていない。「自分が弱い」と決めつけるな!

6. 勝つことを恐れるな

「勝ちビビリ」とは何か

２００２年に日本と韓国で開催されたサッカーのワールドカップでは、下馬評《げば》を覆《くつがえ》す番狂わせが相次いで起こりました。優勝候補といわれていたチームが、次々と格下のチームに敗れて、決勝トーナメントにも進めずに帰国してしまったのです。

どんなスポーツでも、こうした番狂わせはファンにとって大きな楽しみの一つでしょう。甲子園の高校野球などでも、弱いと思われていたチームが強豪校を下したりすると、ふだんよりも大きな拍手が観客席から送られるものです。

しかし戦っている選手にとって、格上の相手を倒すのは容易なことではありません。番狂わせはみんながびっくりして記憶に残りやすいので、しょっちゅう起きているように思う人もいるでしょう。でも実際には、惜しいところまで格上の相手を追い詰めながら、最後まで勝ちきることができずに善戦むなしく敗退してしまうケースのほうが多いと思います。

もちろん、もともと実力に差があるのですから、そうなるのは当たり前といえば当たり前。しかし、格下のチームや選手が格上の相手に勝ちきれないのは、実力以外にもう一つ理由があります。

それは、いわゆる「勝ちビビリ」というもの。勝ちが見えてきたとたんにビビる、つまり「勝つのが怖くなる」という不思議な心理です。

明らかな実力差がある場合、格下のほうは「負けてモトモト」とあまりプレッシャーを感じずに伸び伸びと戦うことができます。それに対して格上のほうは「勝って当然、負けたら何を言われるかわからない」と思うので、プレッシャーがかかりやすい。

だからこそ番狂わせも起きるわけですが、格下のほうはなかなか最後まで伸び伸びしたプレーを続けられません。追いつ追われつの接戦を演じているあいだは無心で戦えても、自分がリードして「勝てるかもしれない」と思った瞬間に、それが怖くなる。勝つためにテニスをやっているのに、「僕が勝つ？　こんな強い選手に勝っていいのか。そんなことが起きていいんだろうか」と不安になってしまうのです。

すると、それまでの伸び伸びしたプレーが影を潜めて、相手のミスを待つような消極的な戦い方になりがちなもの。そして格上のほうは、そういう相手の変化を見逃しません。ここぞとばかりに、逆襲に転じてきます。だから、せっかくのリードを守ることができずに、結局は実力どおりの結果になってしまうことが多いのです。

もしかしたら、部内のランキング戦で部長の手塚を追い詰めたときの乾も、心のどこ

青春学園の部長である手塚と乾の息詰まる熱戦。「努力と執念」
そして得意のデータを駆使して、乾は手塚を追い詰める。
ジャンプコミックス『テニスの王子様』第13巻172ページ

かで無敵の手塚に勝つのが怖くなっていたのかもしれません。試合は途中まで、ふだんの何倍ものトレーニングでパワーアップした乾が4―3とリード。続く手塚のサービスゲームでも、乾がブレイクチャンスを迎えました。このポイントを取って5―3とすれば、次は自分のサービスゲームですから圧倒的に有利になります（第13巻172ページ）。

今まで一度も手塚に勝ったことのない格下の乾にとっては、もっとも「勝ちビビリ」を起こしやすい状況だといえるでしょう。乾の胸中《きょうちゅう》は本人に聞かなければわかりませんが、彼がそこで「勝ち」を意識したことは間違いないと思います。

そして試合は、ここから流れが変わりました。手塚が右足を軸にその場から一歩も動かないという中学生離れしたプレーをしはじめ、乾の打球は吸い寄せられるように「手塚ゾーン」に飛ぶようになったのです。こうなっては、乾に勝ち目はありません。おそらく手塚は、乾の微妙な心の変化を見抜いて、あえて強気な戦法を取ったのではないでしょうか。

チャンスをピンチにするな

ともあれ、強い相手と戦うときは「勝つのを怖がるな」が鉄則。「負けても失うものはない」というくらいの気持ちを忘れずに、最後まで挑戦者のつもりで自分の持てる力を精一杯に出し尽くすことだけを考えるべきです。「勝てる」と思ってそれまでの攻めの姿勢を失い、大事に行こうとして気持ちが守りに入るのがいちばんいけません。

また、有利に進んでいる試合をそのまま押し切るには、チャンスをチャンスとして受け止める気持ちも必要でしょう。「何を当たり前のことを言ってるんだ？」と思った人もいるでしょうが、実はその当たり前のことがプロでも難しいのです。

たとえば僕は、ピート・サンプラスとの試合でマッチポイントを握ったことがありました。あと1ポイントであの強豪に勝てるのですから、こんなに大きなチャンスはありません。ところが、そのとき僕の心に浮かんだのは「**やばい**」という思いでした。「**このチャンスを逃したら、もう勝てないかもしれない**」と、猛烈なプレッシャーを感じたのです。

要するに、そのチャンスが僕の心の中ではピンチに変わっていた。チャンスなのだから「しめしめ」と強気になれるはずなのに、「これを落とすわけにはいかない」と追い詰められた気持ちになってしまったわけです。

これは誰にでもあることで、チャンスを正しくチャンスとして受け止めるのは、そう簡単なことではありません。たとえばウィンブルドンのようなビッグ・トーナメントの決勝でも、マッチポイントを握った選手が何度もダブルフォルトをくり返して苦しむことがあります。こうなると、まさにテニスは「自分との戦い」としか言いようがありません。

このようにチャンスがピンチになってしまうのは、(僕もそうでしたが)「これを落としたら終わりだ」と思ってしまうからです。でも、よく考えればそれはおかしいとわかるはず。マッチポイントというのは、取れば勝ちですが、落とせば負けというものではありません。落としたらデュースになって、また仕切り直すだけのこと。一度や二度マッチポイントを落としたからといって、あわてる必要はまったくないのです。

アガシやサンプラスのような本当に強い選手になると、それがよくわかっているのです。彼らを見ていると、重要なポイントを落としても顔色一つ変えません。マッチポイントを落とそうが、自分のサービスゲームをブレイクされようが、すぐに気持ちを「次」に切り替えて淡々とプレーを続けています。おそらく、最終的には自分が試合に勝つというイメージがしっかり頭の中でできあがっているのでしょう。だから、一つのポイントにいちいちうろたえるようなことはない。目的はその試合に勝つことであって、マッチポイントを一度でモノにすることではないからです。

試合ぶりを見るかぎり、どうやらリョーマもこのことをよく知っている様子。彼も、マッチポイントを迎えたからといってプレッシャーを感じるようなことはありません。たとえば山吹中の亜久津との熱戦でも、最後はドロップボレーで試合を決めました(第13巻53ページ)。

よほど気持ちに余裕がなければ、あの場面でドロップボレーなど打てるものではない

リョーマはドロップボレーで亜久津との息詰まる勝負に終止符を打つ。
これにより青春学園テニス部は、都大会制覇を決める。
ジャンプコミックス『テニスの王子様』第13巻53ページ

でしょう。相手の亜久津さえ、「こんな場面でよくもヌケヌケと」と呆《あき》れたほどのプレーでした。チャンスをピンチに感じることの多かった僕としては、そんなリョーマがうらやましくて仕方がありません。

5 TH Set

自分のテニスを見つけよう

テニスは決断のスポーツといってもいいかもしれません。

試合中のみならず、練習をしている最中であっても、いろいろな決断のときが訪れます。

そしてその決断はすべて「自分自身」で行わなければなりません。

そして、その決断が可能になったとき、新しい自分に生まれ変わることができるのです。

1. 良い環境を生かすも殺すも自分次第

良い環境を得ただけで満足してはダメ

人間というのは、周囲の環境に左右される生き物です。たとえば英語を身につけるにしても、日本で暮らすよりは、アメリカやイギリスで生活したほうが上達が早いでしょう。スポーツも同じで、良い指導者や刺激を与えてくれるライバルなどがいる良い環境に身を置いている人のほうが、そうではない人よりも伸びる可能性が高いといえます。

たとえばリョーマは、中学に進むにあたって、青春学園中等部という環境を選びました。テニスの世界では知らない者のない名門校です。この選択は、小さいころからテニスのエリート教育を受けてきたリョーマに新たな刺激を与えたという意味で、たいへん良いものでした。それは、父親の越前南次郎も認めていることです。

リョーマが部長の手塚と試合をして敗れた後のこと。父親にハンデなしの勝負を挑んできたリョーマが、「強くなりたい　もっと……もっと!!」と言うのを見て、南次郎は心の中で「青学へやって正解だったな」とつぶやきます（第6巻23～25ページ）。

南次郎は手塚との試合のことを知りませんが、リョーマの変化を見て、誰かが息子の気持ちを燃え立たせるようなことをしてくれたのを悟《さと》ったのです。

おそらく南次郎は、小学生としては図抜けた実力を身につけたリョーマが、「自分は強い」とうぬぼれて向上心をなくすことを恐れていたのでしょう。しかし青学に入った息子は、世の中には自分よりも強い相手がいることを知って、「**もっと強くなりたい**」と決意を新たにしました。もし彼が自分より弱い選手しかいない中学に入っていたら、テニスへの興味を失って、それ以上は強くならなかったかもしれません。環境は、人間の能力を引き出すこともあれば、ダメにしてしまうこともあるわけです。

ただし、良い環境にさえ入れば誰でもうまくなるかといえば、これはまた別の話。実際、英語を勉強するために海外へ留学しても、少しも上達しないで帰ってくる人は少なくありません。せっかくアメリカで生活しているのに、現地で知り合った日本人とばかりつき合ってしまい、良い環境を台無しにしてしまう人も多いようです。

このように、どんな環境に身を置こうが、うまくなるかどうかはあくまでも本人の努力次第。すばらしい設備や指導者に恵まれたとしても、本人が意欲を持って取り組まなければ結果は出ません。ダイエットのためにさまざまな運動器具を買い込んでも、それを使って汗を流さなければ体重は減らないのと同じことです。

ところが多くの人が、良い環境を得ただけで満足してしまう。リョーマの同級生の堀《ほり》尾《お》も、青学テニス部という名門に入っただけで、自分が強くなったように錯覚《さっかく》していま

ジャンプコミックス『テニスの王子様』第6巻24, 25ページ

リョーマに必要なもの――それは、「自分を燃え立たせる」相手に出会うこと。
部長の手塚に練習試合で敗れたリョーマには、新たな闘争心が芽生える。

した。まだ何もしていないのに、その環境を手に入れただけで自分が何かをしたかのように勘違いしてしまうのです。それで努力を忘れてしまうぐらいなら、むしろ悪い環境に身を置いて「自分でがんばらなければ」という気持ちになったほうがマシだといえるでしょう。日本にいながら独学で英語をマスターする人だって、大勢いるのです。

「答え」は自分の中にしかない

テニスの場合、さまざまな環境の中でもコーチの存在がとても重要になるわけですが、良いコーチにつけば誰でもうまくなるというわけではありません。ある選手にとっては良いコーチでも、ほかの選手には相性が良くないということもあり得ます。世界一の選手を育てたコーチに教われば、誰でも世界一になれるわけではないのです。

そもそも、すべてをコーチという環境に頼っていたのでは、テニスで勝つことはできません。何度もお話ししているように、テニスで試合中に頼れるのは自分だけ。たとえばサービスを右に打つか左に打つか迷ったとしても、その答えは誰も教えてくれません。自分自身で答えを見つけて、決断しなければならないのです。ふだんから何でもコーチに教わっていたのでは、試合の苦しい場面で決断を下すことはできないでしょう。

仮に、試合中もコーチの判断を仰ぐことができたとしても、それは自分のテニスではありません。コーチに「右を狙え」と言われてその作戦が成功したとしても、それはコーチの成功であって自分の成功ではないのです。

それに、コーチの言うとおりにして勝った選手は、また次の試合でも「どうすればいいですか?」とコーチに聞くでしょう。これでは、いつまでたっても自分のテニスを作り上げることはできません。

逆に、自分で決断したことであれば、たとえ失敗したとしても、その経験は次に必ず活きてきます。たとえば、ある場面で思い切ってネットに出てボレーを試みたら、失敗した。自分でそれを決断したのであれば、なぜネットに出ようと思ったのか、それがどうして失敗したのかといったことを、自分で反省することができるでしょう。

そういう失敗と反省をくり返すことで、人間は自分というものを知り、自分が何をすべきかを学んでいくのではないでしょうか。コーチの言うとおりにプレーして失敗した場合は、そうはいきません。「コーチの指示が間違っていた」というだけで終わってしまい、自分自身は何も得るものがない。次もコーチに頼って同じ失敗をくり返すだけです。

もちろん、自分の良さを引き出すためには、良いコーチとの出会いも大切です。たとえば野球のイチロー選手も、独特の「振り子打法」を認めてくれる仰木《おおぎ》監督との出会いがあったからこそ、今日のような成功を手にしたといえます。

でも、「振り子打法」そのものはコーチに与えられたものではありません。いろいろな失敗を積み重ねながら、イチロー選手が自分自身でつかみ取ったものだと思います。周囲の人に「僕にはどういう打ち方が合っていると思いますか?」と聞いて回っても、あのような「答え」は出てこないでしょう。最終的な「答え」は、自分自身の中にしかないのです。

これは、自分の身を置く環境を選ぶときも同じ。高いレベルでテニスに取り組んでいるジュニア選手の中には、今後の進路について悩んでいる人が少なくありません。たとえば中学生なら、強いテニス部のある名門高校に進む、思い切って海外に飛び出してプロを目指すなど、いろいろな選択肢《し》があります。腕が上がってくれば、もっとレベルの高いコーチにつきたいと思う人もいるでしょう。

でも、どの環境を選ぶかということについて、周囲の人は誰も「正解」を持っていません。親やコーチが「こっちのほうがいいぞ」と勧《すす》めてくれることもあるでしょうが、他人から与えられた環境というのは、それがどんなに良い環境であっても、本人のためにはなりません。自分で選ぶことが大切です。

いろいろな人に相談するのは悪いことではありませんが、最終的な答えは自分の心の奥に聞くしかない。そして、自分の本心に聞けば必ず答えは出てくるものです。

僕自身もそうでした。僕は高校二年のときに柳川《やながわ》高校というテニスの名門校に転入し、その後はプロを目指してアメリカに渡っています。親には猛反対されましたが、それはいずれも自分の心の「**行け！**」という声にしたがって決断したもの。自分で決めたからこそ、苦しくても歯を食いしばってがんばることができたのだと思っています。

2. 怖がらずに人前で喋るのも「強さ」のうち

世界で戦うなら英語は必須

さて、小学生時代にアメリカのジュニア大会で四連続優勝を果たした天才少年リョーマは、前項でも述べたとおり、青春学園中等部という環境を選ぶことで、テニスプレーヤーとしての新たなキャリアをスタートさせました。

しかし当然ながら、彼が身を投じる「環境」は、そこが最後ではないでしょう。今は中学生として全国制覇を目標にがんばっていますが、リョーマの最終的な目標はもっと高いところにあるはずです。

もちろん、これから彼がどんな道を選ぶのかは、作者である許斐剛先生がお考えになること。ただ、一人のファンとして勝手な希望を言わせてもらえば、やはりいずれはプロとして世界に飛び出し、父親の越前南次郎を越えるスーパープレーヤーになることを目指してもらいたいところです。

将来、もし世界を目指すのだとしたら、リョーマにはテニスの技術や強い精神力のほかにも大きな武器があるといえるでしょう。それは、何年もアメリカで生活していたお

英語の授業でアメリカ仕込みの英語を披露するリョーマ。
国際的プレーヤーを目指す者にとって、今や英語力は必須になっている。
ジャンプコミックス『テニスの王子様』第13巻84ページ

かげで英語がペラペラなことです。学校の授業でも、教科書をスラスラ読むのはもちろん、「先生もなかなかいい発音っスね」などと英語で話しかけて、居眠りしていたリョーマが恥をかくのを期待していたクラスメートの堀尾を驚かせていました（第13巻84ページ）。

テニスさえ強ければ語学力は関係ないと思っている人もいるかもしれませんが、決してそんなことはありません。海外で戦うとなれば、英語が喋れないことは大きなハンデになります。僕自身、英語があまり得意ではなかったのでずいぶん苦労しました。なんとか最低限のコミュニケーションは取れるようになりましたが、リョーマのように自分の言いたいことをスラスラと英語で表現できたら、もっと楽だっただろうと思います。

海外でテニスをする場合、まず試合中は英語がわからなければ審判とコミュニケーションを取ることができません。判定に対する抗議はあまりしないほうがいいのですが、それでも納得のいかない判定があれば質問したくなることがあります。そんなとき、英語ができないせいで黙っていたのでは、すっきりしない気持ちのままプレーを続けることになってしまうでしょう。審判に何か指示されたときなども、何を言われたのかわからず動揺すれば、試合への集中力も失われてしまいます。

日本語で表現できなければ英語でもできない

また、スポーツというのは自分を表現する場です。

もちろん、試合中は言葉ではなくプレーで表現するわけですが、海外に行って外国語ができないと、なんとなく気後れして引っ込み思案な態度になってしまうもの。たとえば大会に集まった選手同士の会話などに入れず、片隅で黙ったまま内にこもっていると、テニスのプレーそのものにも悪影響が出るでしょう。気持ちが消極的になって、コートで思い切り自分を表現できなくなってしまうのです。

実際、日本人プレーヤーの中には、海外に出たとたんに言葉の壁にぶつかって、持っている力をフルに発揮できずに終わってしまう選手が少なくありません。

だから僕はジュニア選手の指導をするとき、たとえ小学生でも、なるべく英語を話す機会を与えるようにしています。たとえば、みんなの前で何でもいいから一分間、英語しか喋れない時間を作る。要領のいい子は、「アップルジュース、オレンジジュース、コーヒー……」などと知っている英単語を並べたりしていますが、それはそれでかまいません。逆に、「英語」と意識しただけで、しどろもどろになり何も言えなくなってしまう子もいます。これはもっとも悪いケースです。とにかく語学を身につけようと思ったら、まずは間違いを怖がらずに人前で堂々と喋る姿勢が大切なのです。

そして、これは世界に挑戦する子どもだけに必要なことではありません。英語だろうと日本語だろうと、人前で喋るのを怖がっているようでは、テニスで自分を思い切り表現することはできないからです。

自分の考えていることや感じたことを、自分の言葉で自信を持って話す。しっかりした「自分」を持つのが大切なテニスという競技では、それも実力のうちだといえるでしょう。

人前で喋ろうとするとアガってモジモジしているようでは、コートで向かい合った相手に自分をぶつけることはできません。また、自分に合ったプレースタイルも見つけることができず、何でもコーチの言うとおりにしかできない選手になってしまいます。

将来、海外に出てプレーする選手はほんの一握りでしょうから、みんなが英語を話せるようになる必要はないと思います。でも、日本語でしっかりと自分の意見を発表する力は、誰もが身につけなければいけません。テニスをやっていない人も同じです。自分の言葉で堂々と喋れない人は、自分らしい生き方をするのが難しいのではないでしょうか。

海外へ出ようと思っている人も、英語を身につければいいというものではありません。日本語で自分をうまく表現できない人が、英語でそれを表現できるはずがないからです。何よりも大切なのは、表現すべき「自分」を磨くこと。リョーマも、しっかりとした

「自分」を持っているからこそ、日本語でも英語でも堂々と喋ることができるのです。

話しかけてみる勇気を持とう

自分を表現することの大切さに加えて、相手とのコミュニケーション能力を磨くことも、テニスにおいては重要です。

前にも触れましたが、タイガー・ウッズとラウンドを回らせてもらったときの昼休みのことです。タイガーは、マネージャーとキャディさんと三人でランチを食べながら談笑しているところでした。見ると四人がけのテーブルの席が一つ空いています。

僕は、そのチャンスを見逃しませんでした。テーブルに近づくと、思い切って「一緒に食事をしてもいいですか？」と訊《き》きました。すると、タイガーは微笑みながら「修造、よろこんで」とその空いている席のいすを引いてくれました。タイガーからいろいろなことが学べたこのランチタイムは、僕にとってものすごく価値のあるひとときになりました。

こういう僕の「積極的な態度」をずうずうしいと感じる方もいるでしょう。「内輪《うちわ》で食事をしているのにじゃましたら申し訳ない」と遠慮する日本人の方も多いかもしれません。しかし、どうして僕がこういう行動に出るのか、なぜ勇気を出して飛び込んでいけるのか。それは、少年のころの神宮外苑《じんぐうがいえん》のテニスコートにある壁打ち練習場にその原点があると思います。

一人で黙々と壁に向かってボールを打っていると、コートで誰かを相手にして練習したいという気持ちがふつふつと湧いてきます。そこで僕は勇気を出して、そばで壁打ちをしている人に**「お願いします。一緒にコートで練習してくれませんか？」**と声をかけるのです。

「断られるかもしれない」という恐怖心はもちろんあります。でも、仮に、断られても、十分な練習相手になれなくても、勇気を出して「練習してくれませんか」と声をかけてみないかぎり、コートで生きたボールを打ち合うことはできないのです。

アメリカのハイスクールを卒業して、プロの世界に飛び込んだときも、「お願いします。一緒に練習してください」と、僕よりもランキングが上の選手に話しかける日々が続きました。もちろん無名で新人プレーヤーの僕は、まったく相手にされません。でも、粘《ねば》り強く頼み込み、練習相手にしてもらえたときは、本当に魂《たましい》を込めてボールを打ち返しました。そうすると、「こいつはなかなか骨のあるボールを打ち返すな。練習相手としてなかなかいい」と噂《うわさ》になり、少しずつ練習相手が増えていきました。そして、僕のテニスも上達し、ランキングも上がっていったのです。

些細《ささい》なことですが、こういうふうに誰かに臆《おく》することなく話しかけてみるのも、相手に自分のことを表現する第一歩です。テニスにかぎらず、日常生活においても、自分を表現するチャンスが増えれば、人生がもっと面白くなり新たな可能性も生まれてくるはずです。

3. ライバルとは本音をぶつけ合おう

憎いライバルがいるのは幸せだ

青春学園中等部のテニス部が強さを保っているいちばんの理由は何でしょうか。言うまでもなく、それは部内で激しいレギュラー争いをしていることです。

もちろん、名門校だから良い選手が入ってくるということもあるでしょうが、素質のある選手が大勢いればそれだけで強くなるというものではありません。いつも同じメンバーがレギュラーとして固定されていたら、「どうせ試合には出られる」と安心して厳しい練習をしなくなり、部全体のレベルが上がらなくなります。

しかし青学の場合、ライバル校との試合に勝つためには、その前に部内のレギュラー争いに勝ち残らなければなりません。気を抜けば、すぐに補欠に回されてしまいます。誰かがきつい練習をして腕を上げれば、ほかのメンバーはもっと激しい練習を積んでそれを上回ろうとする。そうやって全員が常にしのぎを削っているから、全体のレベルもどんどんアップしていくわけです。

強い選手を育てようと思ったら、これに勝る環境はありません。身近なところに、自分を蹴落《けお》とそうとするライバルがたくさんいればいるほど、選手のレベルは上がります。

もちろん、試合に出たいという気持ちが強ければ、そういうライバルの存在をじゃまに感じることもあるでしょう。ライバルが腕を上げれば憎らしくなって、つい、「アイツさえいなければ……」と考えてしまうのも無理はありません。正直な話、僕も子どものころは、ライバルが負けるとうれしく思ったことがありました。

でも、もしもじゃまなライバルが本当にいなくなってしまったら、これほど自分にとって不幸なことはない。憎らしくなるほど強いライバルがいるからこそ、自分も負けないように努力して、レベルを上げることができるのです。

中には桃城と海堂のように、顔を見ればケンカをしているような仲の悪いライバルもいます。彼らは聖ルドルフ戦でダブルスを組むことになったのですが、その試合直前につかみ合いのケンカを始めてしまったほどでした（第7巻43ページ）。

前にお話ししたとおり、「敵を二人にしないこと」がダブルスの鉄則ですから、常識的には最悪のコンビだといえるでしょう。実際、試合中に桃城がもらした「あいつにゃ負けねえ」というセリフは、敵の聖ルドルフではなく、味方の海堂に向けられたものでした。海堂がブーメランスネイクを決めたのを見て、ライバル心に火がついたのです。

しかし彼らは、その強烈なライバル意識をバネにして試合中に進化し、相手をパワーでねじ伏せてしまいました。コンビを組んだのが海堂でなかったら、桃城のダンクスマッシュが相手をノックアウトするほどの破壊力を持ったかどうかわかりません。海堂というライバルの存在が、彼をひと回り大きく成長させたのです。

足を引っ張り合うライバルはマイナス

もっとも、やはり基本的にダブルスはコンビネーションが命ですから、あのペアが長続きすることはないでしょう。事実、彼らがダブルスを組んだのはあの試合だけです。いちいち試合前にケンカなどしていたら、もっと強い相手には簡単に足をすくわれてしまうにちがいありません。

ただ、ケンカばかりしているとはいえ、桃城と海堂のライバル関係が周りの人たちをイヤな気持ちにさせないのは、彼らがお互いに本音をぶつけ合っているからだと思います。

同じライバル関係でも、お互いに口もきかないような陰険《いんけん》な間柄になると、マイナスになることもあるでしょう。イヤがらせなどして足を引っ張り合うようでは、切磋琢磨《せっさたくま》どころかどちらもレベルダウンしてしまいます。

でも、桃城と海堂にそんな陰険なところはありません。なにしろ試合中にも、

桃城「(スネイクを)返される事考えてビビってんのか?」

海堂「やみくもに出しゃいいってモンじゃねぇだろがタコ」

桃城と海堂はダブルスを組み、聖ルドルフに立ち向かう。
めちゃくちゃなコンビネーションの２人は、試合中もケンカを始めてしまう。
ジャンプコミックス『テニスの王子様』第７巻43ページ

などと挑発し合っているぐらいです（第8巻80ページ）。お互いに隠し事をせずに、言いたいことを言い合っている。そうやって、相手をライバル視していることをあからさまに口にしているから、「負けたくない」という気持ちがいい方向に作用するのでしょう。相手を引きずり下ろすのではなく、自分が相手よりも上へ行こうとするのが、本来あるべきライバル関係なのです。

僕もジュニア選手の指導で、「ライバルに向かって本心を言う」というテーマを与えたことがありました。それぞれがお互いをライバルだとはっきり意識することが、選手たちのやる気に火をつけると考えたからです。

たとえばライバルが勝ったときに、本心を隠して「よかったね、おめでとう」などと表面的な言葉をかけていたら、お互いの距離が縮まりません。それでは、明確なライバル意識が持てず、なんとなく腹立たしい気分だけを抱えることになってしまうわけです。

でも、思い切って「おめでとう。でも、おまえに負けたことが、オレは悔しいんだよ」と口にしてしまうと、その距離が一気に縮まるものです。言われたほうが「オレだって、前におまえに負けたときは悔しかったんだよ」などと言い返すこともありますが、意外とケンカにはなりません。

たぶん、「おめでとう」と言われるより、正直に「悔しい」と言われたほうがうれしいのでしょう。

そうやって本音をぶつけ合っているうちに、「おまえに負けて頭に来たけど、それでオレもがんばろうと思った」といったセリフが自然に口から出てくる子も出てきます。そこまで行けば、ライバルの存在が自分にとって大切だということが完全に理解できたと言えるでしょう。そのライバル関係は、いい方向に進むばかりです。少なくとも、「おまえが勝ったから、オレはやる気をなくした」などと言う子は一人もいません。

ちなみに僕自身は、子どものころはライバルが大勢いたものの、プロとして世界を目指すようになってからは、日本国内にライバルと呼べる相手がいませんでした。いつも自分を燃え上がらせてくれるライバルの出現を心待ちにしていたのですが、僕と一緒に世界で戦う日本人男子選手はなかなか現れなかったのです。

僕にとって、身近にライバルがいなかったという状況は、悲劇的だったとさえ言ってもいいかもしれません。

それに対して女子のほうは、伊達公子さんや沢松奈生子《さわまつなおこ》さん※など何人もの選手が世界に飛び出して切嗟琢磨していたので、とてもうらやましく感じました。身近にライバルのいない環境で自分を追い込み、レベルを上げていくのは、簡単なことではありません。だから、今身近に憎いライバルのいる人には、それをラッキーだと感じて大事にしてほしいと思います。ライバルは必ず自分を成長させてくれる存在なのですから。

4. 新しい自分に生まれ変わるために

「縦社会」を実力で突破したリョーマ

みなさんの手元に英和辞典があったら、sportという単語を引いてみてください。「スポーツ」「運動」であるのは当然ですが、もう一つ「楽しみ」「娯楽」という意味を持つのはご存じでしょうか。

「そんなことは知ってるよ」という人でも、もう一度よくこの言葉の意味を考えてみてください。僕は、十二歳のとき初めてアメリカに行ってテニスをプレーしたのですが、このsportという言葉の本当の意味を知って、びっくりしたのを覚えています。

それまでは、テニスにかぎらずスポーツは上から下へ、いわばコーチが選手に教えるものだと思っていたのですが、それが違っていたのです。そういう縦《たて》社会的なものが、そこにはなかったのです。

一度同じコートに入ったら、その中ではフェアに、平等に、そして真剣に勝負というものを楽しむ。そこには縦の関係というのはまったく存在しない。そして、そういう関係からはお互いに対するリスペクト（尊敬心）が生まれる。そしてリスペクトを相手に対して感じるからこそ、勝負が終わった後、「おまえよくがんばったな。よかったよ」と讃《たた》え合うことができる。日本では、スポーツを楽しむということがよく理解できなかった僕も、心の底から「**スポーツは楽しい**」と思うことができました。

この経験から言えることは、もともとスポーツとは、自分らしくプレーし、個性を表現することを楽しむものだったということです。ところが日本では、そういうスポーツの楽しみ方がまだ完全には社会に根付いていないように思えます。明治時代に欧米からスポーツが輸入されたとき、それが軍事教練的なものと結びついてしまったこともあって、「自分らしく楽しむ」とは正反対の性格を帯びるようになったのです。スポーツは強い体や精神を鍛えるための修行のようなものであって、「楽しむ」などもってのほか。自分の個性を押し殺して、ひたすら苦しい練習に耐えるのがスポーツだ……そういう文化が、この国では長く続いてきました。

その中で生まれたのが、いわゆる「体育会系」のスタイルです。厳しい上下関係があって、下級生は上級生に絶対服従。上級生が白いものを「黒い」と言えば、下級生もそれを「黒」と言わなければいけないのが、体育会の世界です。どんなに実力があっても、一年生は試合に出してはもらえないこともあります。『テニスの王子様』でも、橘《たちばな》が改革する以前の不動峰中学が、そういう「体育会系縦社会」の象徴のように描かれていました（第4巻33ページ）。

リョーマが入部した青春学園テニス部にも、そういう体育会的な部分がまったくなかったわけではありません。実際、新入生をだまして「缶倒しゲーム」で小遣いを稼ぐ上級生もいましたし、リョーマ自身も大事なラケットを隠されるといういじめに遭《あ》っています。

でも、リョーマはそれを実力で打ち破りました。「缶倒しゲーム」では石の入った缶を見事に倒して「100球当てれば100万円くれんの!?」と上級生を挑発し（第1巻77ページ）、自分をいじめた二年生との試合では、ボロボロのラケットで強烈なスマッシュを決めてみせたのです（第1巻164ページ）。

さらには「1年生は夏まで大会に出られない」という青学の規則をモノともせずに、レギュラーの座まで手に入れました。

このあたりが、『テニスの王子様』という作品の痛快なところであり、読者の心をとらえた要因でしょう。こうしたリョーマの姿が、これまでの日本ではあまり見られなかったスポーツ本来の楽しさを思い出させてくれたのです。

誰のためにテニスをするのか

もちろん、手塚をはじめとするレギュラー陣にも、生意気なリョーマを受け入れるだけの心の広さがありました。彼らが頑固な体育会的人間だったら、いくらリョーマとい

「缶倒しゲーム」からの１コマ。リョーマはたった１球、
それも利き腕ではない右腕で、石をいっぱい詰めた缶を倒す。
ジャンプコミックス『テニスの王子様』第１巻77ページ

えども入部早々にレギュラー争いのチャンスなど与えられなかったにちがいありません。逆に言えば、コーチや上級生の言いなりにならず、はっきりと「自分」を主張することを認める雰囲気があるからこそ、青学テニス部は強いのです。

何から何まで文句も言わずにコーチや上級生の言うとおりにやるのは、苦しいのはたしかですが、実はこれほど簡単なこともありません。自分の頭で考える必要がありませんし、失敗しても自分の責任ではないからです。

それに対して、リョーマのように自分らしく振る舞おうと思ったら、何をやるべきか自分で考えなければなりませんし、生意気な意見を口にした以上は責任も取らなければいけません。決して楽なことではないのです。

でも、「楽」なことが「楽しい」とはかぎらない。どちらが楽しいかといったら、自分の個性を思い切り出したほうが何倍も楽しいに決まっています。スポーツは、コーチや上級生のためにやるのではなく、自分のためにやるものだからです。

もっとも、だからといって各自が好き勝手に行動していいというものではありません。「わがまま」と「自己主張」は別のものです。集団で行動するからには規律やルールを守らなければいけません。また、彼らのテニスは個人競技ではなく団体戦ですから、チームワークも必要でしょう。

その点、青学の場合は規律を乱した部員には手塚部長が容赦《ようしゃ》なく罰を与えますし、それぞれバラバラで強い個性の持ち主でありながら、大会になると一致団結して敵に向かっていく結束力もあります。テニスを楽しみ、なおかつ勝利を目指す上では、まさに理想的な環境だと思います。

夢を持つことの大切さ

ここまで、僕は何度も「自分をしっかり持つ」ことの大切さをくり返してきました。これはテニスの上達だけでなく、人生そのものを充実させるために欠かせないことだと僕は思っています。

いったい自分はどんな人間で、何をしたいのか。

それを自分自身に問いかけ、答えを見つけ出し、目標に向かって情熱を燃やすことがなければ、人生は楽しくありません。

ところがある新聞の世論調査によれば、世界の国々の中でいちばん「夢」を持っている子どもが少ないのは、この日本だそうです。将来の夢、つまり目標を持って暮らしている子どもが少ない。日本人として、こんなに寂しいことはありません。目標がないということは、心の中に燃え立つものがないということだからです。

今の子どもたちが自分なりの目標を持てないのは、そもそも「自分」というものを持っていないからではないでしょうか。子どもにテニスを教えていても、「自分」のない子が増えているように感じることがよくあります。人に言われるまで何をすればいいのかわからず、自分が何をしたいのかもわからない。だから僕は、まずは「自分」だけが持つ個性を見つけ出し、それを磨くことから始めてほしいと思うのです。

僕の場合は、テニスというスポーツを通じて「自分」を発見しました。

最初からテニスをやっていたわけではありません。実はテニスを始める前に水泳をかなり本格的にやっており、それなりに上達はしたのですが、自分をうまく表現できるスポーツではないことに気づきました。

そしてテニスを始めてみたのですが、これが実に面白い。毎日毎日、何らかの形で新しい「自分」と出会えたからです。たとえば、昨日はできなかったボレーが、今日はできるようになる。それだけでも、人間というのは自分が生まれ変わったような喜びを感じるものです。

もちろん、水泳でも昨日より今日のほうが進歩していたのでしょうが、残念ながら当時の僕にはそれが実感できませんでした。要するに、テニスが自分の感覚にぴったり合っていたのでしょう。

人にはそれぞれ向き不向きがありますから、誰もがテニスでそれを実感できるわけではありません。僕が毎日コートで生まれ変わっていたように、水泳が好きな人は毎日プールの中で生まれ変わっているのだと思います。

青学で自分より強い相手に出会い、
わき上がる闘志を抑えられないリョーマの姿を見て父親の南次郎も満足げ。
ジャンプコミックス『テニスの王子様』第6巻27ページ

いずれにしろ、毎日のように「昨日よりも輝いている自分」を発見し、生まれ変わったような新鮮さを感じられるのが、スポーツの楽しいところでしょう。それによって、「今の自分はダメかもしれないけれど、必ず変わることができる」という手ごたえをつかむことができるのです。その手ごたえさえあれば、将来何をするにしても、自信を持って進むことができる。だからこそ、僕は多くの子どもたちにスポーツを楽しんでほしいと思います。

リョーマが手塚との試合に敗れ、「もっと強くなりたい」と言ったとき、父親の南次郎は心の中でこうつぶやきました（第6巻27ページ）。

「**こいつ生まれ変わるぞ!!**」

このときリョーマは、自分よりも強い者が世の中には大勢いることを知り、新たな目標を見つけて情熱を燃やしはじめたところでした。それを南次郎は「生まれ変わる」という言葉で表現したわけです。おそらく今後も、リョーマは次々と強力なライバルたちに出会い、そのたびに生まれ変わっていくにちがいありません。

それと同じように、この国の子どもたちが常に自分なりの目標を持ち、新しい自分を発見しながら強い「自分」を育てていけるようになることを僕は願っています。

【ミニ・テニスプレーヤー名鑑】

本文中に出てきた、往年の名プレーヤー、
現在も活躍中のプレーヤーを紹介。

ジミー・コナーズ　1952年、アメリカ・イリノイ州出身

ティーチング・プロの母親にテニスの手ほどきを受ける。ジュニアの大会で活躍した後、72年プロに転向、グランドスラム大会シングルスでの優勝回数は8回を数え、ツアー優勝は史上最高の109回を数える。1254勝、160週連続世界ランク1位も史上最高。左利き。両手打ちのバックハンドからのショットを得意とした。

ビヨン・ボルグ　1956年、スウェーデン出身

75年スウェーデンをデビスカップ優勝に導く。76年から5年連続全英制覇。全仏の優勝6回（4連覇を含む）。華麗かつ冷静沈着なプレーで「アイス・マン」と呼ばれた。83年に26歳の若さで引退（91年にカムバック）。

ジョン・マッケンロー　1959年、旧西ドイツ出身

ニューヨークで育つ。全米大学チャンピオンになった後、1978年プロに転向し、

21歳で世界ランク1位になる。80年の全英でのシングルス決勝、ビヨン・ボルグに敗れたフルセット3時間53分におよぶ死闘は、テニス史上最高の試合といわれている。全米4回、全英3回の優勝を誇る。ダブルスも得意としていた。左利き。

イワン・レンドル 1960年、旧チェコスロバキア出身

母国をデビスカップ初制覇に導いた後、アメリカに移住。全米3連覇をはじめとして、全仏で3回、全豪で2回優勝している。シングルス優勝94回はコナーズ、フェデラーに次ぎ史上第3位。合計270週（157週連続を含む）世界ランク1位は歴代3位。

クリス・エバート 1954年、アメリカ・フロリダ州出身

グランドスラム大会は、全仏7回、全米6回、全英3回、全豪2回制覇している。プロ通算1309勝を挙げ、シングルス優勝は157回を数える。クレーコートでの125連勝は史上最高記録。力強く華麗なプレースタイルで、「アイス・ドール」と呼ばれた。

セリーナ・ウィリアムズ 1981年、アメリカ・ミシガン州出身

テニスの英才教育を受け、14歳でプロとしてデビュー。99年に全米に初優勝。2002年には、全仏、全英、全米の3オープンを制す。2003年1月、全豪を制し、4大

大会のすべてを制覇。姉のヴィーナスと共に、現在も女子テニス界をリードしている。

ヴィーナス・ウィリアムズ　１９８０年、アメリカ・カリフォルニア州出身

４歳で父親の手ほどきでテニスを始める。94年プロデビュー。２０００年シドニーオリンピックで、シングルス、ダブルスで金メダル獲得。２０００年から全英、全米をそれぞれ２連覇し、２００２年、３連覇をもくろんだが、いずれも決勝で妹のセリーナに２度とも敗れる。２００２年、アフリカ系アメリカ人女性として初めて世界ランク１位に輝いた。

伊達公子　１９７０年、京都府出身

園田学園高校を経てプロに。93年には全米でベスト8、94年にはＮＳＷオープンで海外ツアー初優勝し、日本人選手として初めて世界ランクトップテン入りを果たす（第９位）。96年には、全英のシングルス・ベスト４に進出。同年引退を表明。世界ランキング最高位は４位（95年）。２００８年に現役復帰し、ツアー優勝や、グランドスラム大会の本戦に出場するなど活躍。数多くの最年長記録を更新し、２０１７年に46歳で引退した。

ルーク・ジェンセン 1966年、アメリカ・ミシガン州出身
大学時代オール・アメリカに2度選出される。87年プロに転向。弟のマーフィーもプロテニスプレーヤーで、93年の全仏ではダブルスでコンビを組み、見事優勝している。両利き。

シュティフィ・グラフ 1969年、旧西ドイツ出身
1988年、19歳で、グランドスラム制覇とソウル・オリンピック金メダルを獲得。グランドスラム大会シングルス22回制覇（全豪4回、全仏6回、全英7回、全米5回）。186週連続、計377週世界ランク1位は、男女合わせて史上最高。99年にツアーから引退し、2001年にアンドレ・アガシと結婚した。

アンドレ・アガシ 1970年、アメリカ・ラスベガス出身
1986年プロデビュー。92年に全英を制覇して以来、グランドスラム大会は、全豪4回、全米2回、全英、全仏各1回の優勝を誇る。グランドスラム大会シングルスすべてを制した男子プレーヤーは、彼を含めて史上8人しかいない。

ピート・サンプラス　1971年、アメリカ・ワシントンDC出身

90年の全米に史上最年少の19歳で優勝。全英7回を筆頭に、全米5回、全豪2回とグランドスラム大会シングルスの優勝14回は男子歴代4位。特に全英では、3連覇（93－95年）と4連覇（97－2000年）を果たしている。「20世紀最高のプレーヤー」との呼び声も高い。

レイトン・ヒューイット　1981年、オーストラリア出身

スポーツ一家に生まれ育ち、幼少の頃からプロコーチの指導を受ける。98年プロ入りし、99年、オーストラリアをデビスカップの優勝に導く。2001年、全米、翌年には全英を制し、世界ランク1位に躍り出る。

マルチナ・ヒンギス　1980年、旧チェコスロバキア出身

国籍はスイス。「天才少女」と呼ばれ、97年、16歳3カ月で全豪を制すると、その勢いで全英、全米も優勝し、世界ランク第1位に躍り出た。グランドスラム大会での優勝は5回を数える（全豪3連覇を含む）。その後、引退と復帰を繰り返し、2017年に3度目の引退。

沢松奈生子　１９７３年、兵庫県出身

名門テニス一家に生まれ、５歳でテニスを始める。数々のジュニアタイトルを獲得後、15歳で全日本選手権で初出場、初制覇。91年にプロに転向し、95年の全豪ベスト8、ストラスブール国際など海外ツアー4勝を挙げる。世界ランキング自己最高位は14位。98年引退。叔母の吉田（旧姓・沢松）和子は、75年、全英女子ダブルスの優勝者でもある。

（データは２０１９年６月現在）

あとがき

今、日本は、第四次テニスブームにあるといわれています。その大きな要因の一つとして『テニスの王子様』の影響力ははかりしれません。このブームが一時的なもので終わらず、テニスが日本に根付いていくためには、日本から世界で活躍するテニス選手が出現してくれることが必要です。

僕はテニスの現役を卒業した後、テニスのすばらしさを一人でも多くの人に伝えたい一心で突っ走ってきました。もっとも力を注いでいるのは、ジュニア選手の強化、「世界」という舞台で戦う日本人選手を育てるためのサポートをすることです。少しでも世界に通じる近道を教えてあげたいという思いから、強化合宿を行い、国際大会を開催し、海外遠征へ選手を派遣したりすることなどを通じて、これまで自分がテニス人生で学んできたことをジュニア選手に伝えています。

そういう活動を通して強く感じているのは、現在、リョーマのようにテニスの才能があり、「自分」というものを持っているジュニア選手が何人か現れてきているということです。

「自分というものを持つ」。これは「自分を確立する」と言い換えてもいいかもしれませんが、なかなか難しいことです。ですが、テニスにおいて重要なポイントになるのは、技術はもちろんですが、どれだけ、自立しているか、決断力があるか、そして自分自身を信じきることができるかということです。

このことは、僕がいつも強化合宿などで選手たちに伝えていることですが、この『テニスの王子様勝利学』の重要なテーマにもなっています。読んでみていただいてもうおわかりと思いますが、これは決して、テニスというスポーツに関してのことだけではないのです。四角いテニスコートの中だけではなく、人生というセンターコートで、自分が自分として生きていく上で欠かすことのできない何かを、それぞれが見つけるため、「自分を信じる」ということが必要になってくるのです。

自信とか、自立とか、決断力という言葉を見て少し尻込みする人もいるかもしれません。でもご安心ください。あくまでこれは僕がテニスを通して人生について学んできたことであり、決して僕がうまくできたことではありません。簡単に言えば、僕がトライしてきたことを書いているだけなのです。

この本を読んでくださったみなさんが、自信を持って自分の信じる道を歩み続けていく上で、なにかしらのヒントと勇気をこの本から得てくだされば、と祈っています。

最後になりましたが、この本を書き上げるにあたって多くの人々のお世話になりました。すべてのお名前を記すことはできませんが、すばらしい挿画を提供してくださった許斐剛先生、執筆の際いろいろ手助けをしてくださった集英社インターナショナル出版部の佐藤信夫さんと深川峻太郎さんに篤《あつ》くお礼を申し上げます。

２００３年３月トップ・ジュニア・キャンプにて

松岡修造

文庫版あとがき

２００３年3月に本書が刊行されてから、テニスの世界は大きく変わりました。たとえば、いま男子テニス界の「ビッグ３」と呼ばれるロジャー・フェデラー、ラファエル・ナダル、ノバク・ジョコビッチは、当時まだグランドスラムのタイトルを獲《と》っていませんでした。フェデラーが初めてグランドスラムで優勝したのは、２００３年のウィンブルドン。ナダルは２００５年の全仏オープン、ジョコビッチは２００８年の全豪オープンが最初の優勝でした。それ以降、彼らの熾烈《しれつ》な戦いがテニス界を盛り上げています。

日本からもすごいスター、錦織圭選手が登場しました。18歳でＡＴＰツアー初優勝したのは２００８年のこと。その後、２０１４年の全米オープンでは準優勝、２０１６年のリオ五輪では銅メダルを獲得するなど大活躍しています。

結果を出しているのは、錦織選手だけではありません。２０１７年から２０１８年にかけて、杉田祐一選手、ダニエル太郎選手、西岡良仁選手が次々とＡＴＰツアー初優勝を果たしています。さらに女子でも、大坂なおみ選手というスーパースターが現れました。２０１８年の全米オープン決勝で、あのセリーナ・ウィリアムズを下してグランドスラム初制覇。翌年の全豪オープンにも優勝して、一気に世界ランキング1位にまで駆け上がりました。選手たちの活躍のおかげで、国内のテニス人気は再び高まっています。

本書が刊行された当時も、日本ではテニスがブームを迎えていました。それを支えていたのが、許斐剛先生の『テニスの王子様』です。『週刊少年ジャンプ』で連載がスタートしたのは、１９９９年。当時まだ小学生だった錦織選手も愛読していたといいます。初期の『テニスの王子様』は、現実に存在する技術が描かれていたので、錦織少年も自分のプレーに活かせるヒントを得たかもしれません。僕もこの本を、単行本（全42巻）の1〜16巻を参考にしながら書いています。

その後の『テニスの王子様』は、漫画でしか描けない超絶的なプレーも飛び出すようになりました。２００８年に連載をいったん終了し、翌年から『新テニスの王子様』として『ジャンプスクエア』で再スタート。その人気は、漫画だけにとどまりません。２００３年に始まったミュージカル『テニスの王子様』（通称・テニミュ）は、漫画原作の「２・５次元ミュージカル」の元祖としてロングランを続けています。越前リョーマをはじめとする登場人物たちは、これからもさまざまな形で日本のテニス文化を支えてくれることでしょう。

２０１９年夏　　松岡修造

本文画／許斐剛
構成／岡田仁志
図版製作／タナカデザイン

本書は二〇〇三年三月、書き下ろし単行本として集英社インターナショナル
より刊行された『テニスの王子様勝利学』を文庫化にあたり再編集しました。

集英社文庫

テニスの王子《おうじ》様《さま》勝利《しょうり》学《がく》

2019年8月30日　第1刷　　定価はカバーに表示してあります。

著　者　松岡《まつおか》修造《しゅうぞう》
発行者　徳永　真
発行所　株式会社 集英社
東京都千代田区一ツ橋2-5-10　〒101-8050
電話　【編集部】03-3230-6095
【読者係】03-3230-6080
【販売部】03-3230-6393（書店専用）

印　刷　図書印刷株式会社

製　本　図書印刷株式会社

フォーマットデザイン　アリヤマデザインストア　　マークデザイン　居山浩二

ISBN978-4-08-744016-4 C0195